Toutes ces choses se doibuent faire pour lamour de
dieu et non du monde. Et de ce nostre seigneur Iesuscrist
dit en leuangile. Bienheureux sont ceulx qui ont misericorde
a leur prouchain en ce monde. Car ilz la trouueront et recep
uront de dieu en laultre. Et dit sainct Paul: la pitie
et misericorde est vtile et prouffitable a impetrer de dieu tous
les biens de ce monde et de laultre. Dont dit Ouide. Si les
personnes ne pechoyent la misericorde de dieu ne besongne
roit point et naurions besoing delle.
Exemple De Misericorde.

SE peult approprier et ressembler la vertu de magnanimite au faulcon/qui plustost se laisseroit mourir de fain quil mengeast dune chair qui fust morte/et ne prend iamais sinon que grosses bestes. **C** Sainct Augustin dit. Le lion ne fait iamais guerre auecques les formiz/et laigle ne prend iamais mousches. Et Tules recite. Le couraige de la personne de valeur et haulte se congnoist par oeuures grandes et magnanimes Dont dit Hypocrate. Il nest choche quelconque tant forte

De la Gulosite.
Chapitre . xxxvii.
LA Gulosite qui est vice contraire a labstinence
Selon que dit Tulles est desordonnee voulete
de boyre et de manger
Exemple. De Gulosite.

ſont au millieu de leurs extremes vices La ſeconde raiſon eſt/ Car le prodigue eſt plus prouffitable a aultruy que lauaricieux. La tierce eſt/ que le prodigue ſe amẽde et ſe corrige plus legierement de ſon vice que ne fait lauarici=eux Et eſt a noter que de la prodigalite deſpend ou vient pourete Selon que dit Ariſtote/ diſant/ que qui deſpend les richeſſes oultre mode et meſure toſt viendra en pourete

Exemple De Liberalite.

Et iusques a ce quilz commancent a auoir les plumes noires
il ne leur done point a manger : mais fault quilz viuent de laer
et de la rosee qui vient du ciel : Ancores plus il se contriste
quand ses petitz luy sont ostez plus que nul aultre oyseau qui
soit : A ce propos dit Iesuscrist filz de Sidrach : Meil
leure est la mort que la vie : Ne donne point de tristesse
a ton ame : mais deschasse la tousiours de toy : Car plu
sieurs sont mortz par tristesse : En la tristesse nest

gence de ce premier est besoing veoir et entendre
quelle chose est que vertu :. Aristote dit que vertu
est bonne qualite de pensee par la quelle on vit bien :
et on se garde de mal C Ancores dit que vertu est
disposition de pensee bien ordonnee/ constituee/ et bien
formee/ et non pas disposition de naturelle ou artifi
cielle beaulte de chef :. Mais de couraige/ de pitie/ de
coustumes/ de amour de dieu et honneur du monde :

E Exemple.

Corinne Beck, docteur d'Université, assistante de recherches, chargée de conférences à l'Ecole des Hautes Etudes en Sciences sociales, poursuit depuis plusieurs années des travaux sur l'histoire des rapports entre l'homme et l'animal. Médiéviste, elle s'intéresse plus particulièrement aux relations de la société médiévale avec l'animal sauvage.

Elisabeth Rémy prépare un doctorat d'ethnologie à la Sorbonne et un diplôme d'histoire médiévale à l'Ecole des Hautes Études en Sciences sociales. En 1989, elle est l'auteur d'un rapport sur la rumeur des lâchés de vipères, pour le ministère de l'Environnement.

A Céline et Pauline, Charlotte et Marion

Dépôt légal : octobre 1990
Numéro d'édition : 49154
ISBN : 2-07-053108-2
Imprimerie Kapp-Lahure-Jombart, à Evreux

LE FAUCON
FAVORI DES PRINCES

Corinne Beck et Élisabeth Rémy

DÉCOUVERTES GALLIMARD
HISTOIRES NATURELLES

« Les Falconidés sont, parmi les rapaces, ce que sont les Féliens parmi les carnassiers, c'est-à-dire les mieux doués de leur ordre. Leurs facultés intellectuelles sont en parfait accord avec leurs facultés physiques. Ce sont des rapaces dans toute l'acception du mot. La force, l'agilité, le courage, la passion de la chasse, la majesté du port, les pensées nobles même, pourrait-on dire, sont des qualités qu'on ne saurait leur refuser.

Alfred Edmund Brehm,
La Vie des animaux illustrée, Les Oiseaux

CHAPITRE PREMIER

LE FAUCON DANS LA NATURE

« Les rapaces sont admirablement doués sous le rapport physique et intellectuel; ce sont des animaux humains. »

A. E. Brehm,
Les Oiseaux

Les rapaces : un peuple méconnu et souvent calomnié

On connaît environ deux cent soixante-quatorze espèces de rapaces diurnes et cent trente et une espèces de rapaces nocturnes, c'est-à-dire les chouettes et les hiboux, réparties dans le monde entier à l'exception de l'Antarctique et de nombreuses petites îles. Tous les rapaces diurnes possèdent un bec crochu et des pattes terminées par des doigts munis de griffes aiguës appelées serres; leurs proies, qu'ils capturent vivantes, à l'exception des vautours et de quelques autres espèces, doivent être attrapées par surprise. Aussi, leur vision, grâce à leurs yeux très développés, est excellente et leur acuité visuelle est deux ou trois fois meilleure que celle de l'œil humain.

Le bec des rapaces est pointu, crochu; la mâchoire supérieure est plus longue que l'inférieure et ses bords sont plus tranchants. La base du bec est couverte d'une membrane nommée «cire». Celui des faucons possède en outre, sur la mâchoire supérieure, un petit crochet appelé «dent» utilisé pour tuer les proies.

Les scientifiques ont rangé tous les rapaces diurnes dans un même groupe appelé ordre des Falconiformes, qui se divise en plusieurs familles dont les deux plus importantes sont celle des Accipitridés, avec deux cent huit espèces comprenant les aigles, les buses, les éperviers, et celle des Falconidés, regroupant cinquante-huit espèces de faucons.

Les Accipitridés forment les oiseaux de bas-vol dont les principaux sont l'autour des palombes, l'épervier d'Europe et l'aigle royal. Ils possèdent des similitudes anatomiques qui font d'eux des voiliers; leurs ailes aux plumes souples présentent une forme large et émoussée propre à remplir l'office d'une voile; leur queue longue et large leur sert de gouvernail, et permet à l'autour et à l'épervier des changements de trajectoire impressionnants. Les Anglo-Saxons appellent les oiseaux de bas-vol *short wings* et les Arabes les surnomment

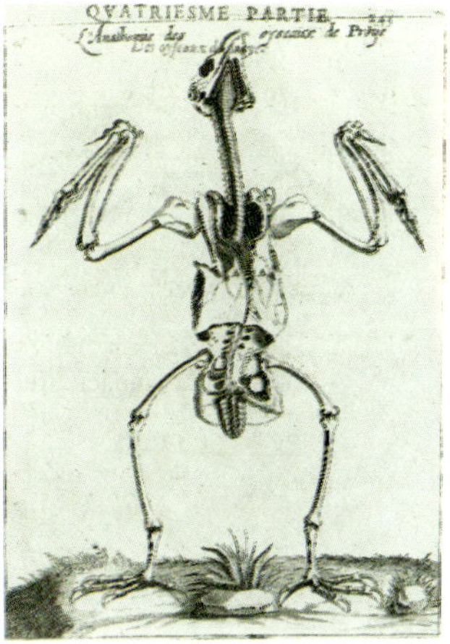

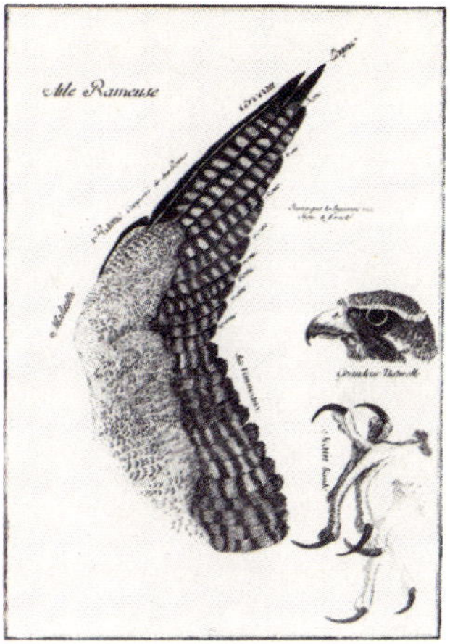

«yeux jaunes» en raison de la couleur jaune, parfois orange, autour de l'iris. Ils tuent leurs proies avec la seule pression de leurs serres et sont employés en autourserie.

Les oiseaux de haut-vol sont les faucons; leurs ailes présentent une forme propre à frapper l'air avec force et fréquence; elles ne sont pas échancrées et se terminent en pointe adoucie; les pennes – longues plumes de l'aile ou de la queue – sont plus rigides que chez les autours et leur permettent une plus importante pénétration dans l'air. Toutes ces caractéristiques communes font d'eux des rameurs. Le vol battu rapide amène l'oiseau en altitude d'où il attaque en piqué, utilisant l'avantage de la hauteur pour fondre sur sa proie. L'œil est noir, le bec moins effilé possède une dentelure caractéristique dont l'oiseau se sert pour tuer sa proie. Une autre singularité des faucons est qu'ils ne bâtissent pas de nid, contrairement aux autres rapaces; leur «nid», appelé aire, se réduit à un trou, plus ou moins profond selon la nature du sol, ou à l'emprunt du nid d'un autre oiseau. Comme la plupart des oiseaux, ils se reproduisent au printemps. Trois ans paraît l'âge normal de leur maturité sexuelle, bien qu'ils semblent capables de se reproduire dès un an.

C'est parmi ces oiseaux que la fauconnerie s'est forgé de subtils compagnons de chasse.

C'est couverts d'un plumage entièrement formé de duvet soyeux, généralement blanc, que les jeunes rapaces sortent de l'œuf. Ce premier duvet est remplacé par un autre plus épais et plus laineux. Les plumes des ailes et de la queue sortent les premières, marquant ainsi le début de la seconde phase de la croissance pendant laquelle les jeunes acquièrent leur véritable plumage. La dernière phase est celle du développement des rémiges, primaires fixées sur les os de la main et du poignet, et des rémiges secondaires sur le cubitus, l'os de l'avant-bras. «Les oiseaux de proie ne muent qu'une fois par année, mais chacune de ces mues apporte un changement notable dans leur costume, ce qui fait qu'il est excessivement difficile de rapporter à leur famille les jeunes de certaines espèces. Ainsi les faucons ont besoin de cinq ou six mues pour compléter leur toilette d'adulte» (A. Toussenel, *L'Esprit des bêtes*).

Très répandu à travers le monde, le faucon pèlerin *(Falco peregrinus)* est le favori des fauconniers

Masse compacte, forme fuselée, texture du plumage, longueur de la queue, dessin et envergure des ailes, surface portante, tout contribue à faire du faucon pèlerin un champion du vol. Lors des déplacements ordinaires où il alterne vols planés et vols battus, sa vitesse est de l'ordre de cinquante à soixante kilomètres à l'heure. Mais en piqués verticaux ou obliques, bien que les estimations soient sujettes à controverses, sa vitesse peut atteindre trois cent vingt kilomètres à l'heure!

Selon les circonstances, le faucon adoptera diverses tactiques pour capturer sa proie. Au départ de l'attaque, il utilise tantôt le vol d'amont, tantôt un poste d'observation élevé, piton, aspérité rocheuse ou branche dénudée. Suivant la position de la proie convoitée, il vole directement sur l'objectif ou, au contraire, effectue un vol de placement complètement opposé afin de prendre de l'altitude

Le faucon pèlerin est un oiseau de corpulence modeste : le mâle pèse entre 500 et 680 g, la femelle entre 800 et 1200 g. Compte tenu de cette différence, le mâle exerce sa prédation plutôt sur les espèces de taille inférieure à celle du choucas, alors que la femelle peut attaquer des corneilles ou des freux. Ce dimorphisme sexuel est commun à tous les rapaces : la femelle, dite encore «forme», est plus grande et plus puissante que le mâle; environ d'un tiers plus petit, ce dernier est appelé de ce fait «tiercelet», à l'exception des mâles du lanier, du sacre et de l'épervier, nommés respectivement «laneret», «sacret», «émouchet» ou «mouchet».

– de l'ordre de huit cents, mille, voire deux mille mètres – et de se mettre en situation favorable pour réaliser le piqué final. Le choc des ailes contre le corps de la victime produit un bruit que l'on peut percevoir à distance. Même si les ornithologues divergent sur ce point, il semble qu'une attaque sur dix réussisse. L'habileté et l'expérience individuelles jouent à cet égard un rôle important; les mâles sont généralement plus entreprenants et plus habiles que les femelles; la condition physique de l'oiseau pris en chasse, la saison – l'été ou l'hiver – et le milieu – désert ou mer – influent également sur le succès de l'attaque.

Le pèlerin se saisit de sa proie de deux manières, soit en la «buffetant», soit en la «liant». On dit que l'oiseau buffette lorsqu'en volant il heurte sa proie avec ses serres et qu'il la lie quand, à l'aide de ses serres, il arrête le gibier qu'il chasse ou le tient à terre. Dans le premier cas, la proie est tuée sous le choc, voire coupée en deux; dans le second cas, elle est fortement assommée ou même tuée.

Le faucon pèlerin s'attaque à plus de cent vingt espèces d'animaux. Ses proies les plus fréquentes, suivant les qualités du biotope et l'habileté de

Les rapaces diurnes consomment surtout des mammifères de taille moyenne ou petite, plus particulièrement des rongeurs. Constituant la base du régime de certains, tels la buse ou le faucon crécerelle, les rongeurs peuvent représenter, les années où ils pullulent, jusqu'à quatre-vingt-dix pour cent de l'alimentation des aigles ou des faucons sacres et gerfauts. Les rapaces chassent également des insectivores (taupe), très rarement les petits carnivores (belette). Mais, contrairement à une opinion bien répandue, les animaux domestiques ne sont pas des proies habituelles des rapaces.

l'individu, sont les geais, les choucas, les étourneaux, les merles, les grives, les ramiers et une grande diversité de petits passereaux.

Il demeure avant tout un nicheur rupestre, et les falaises calcaires aux nombreuses anfractuosités sont pour lui un site de prédilection. En France, il ne subsiste que dans les régions de basse et moyenne montagne situées au sud-est d'une ligne Nancy-Bordeaux. Ailleurs, il peut être observé incidemment à l'automne ou en hiver, durant les migrations. Quelques individus choisissent la ville, qui leur fournit des falaises artificielles (haut des tours et monuments). Deux pèlerins sont connus pour nicher, l'un à la cathédrale de Sens et l'autre dans les ruines d'un château médiéval du massif vosgien. Dans les agglomérations, les pigeons domestiques sont une partie importante de leur régime alimentaire.

Dès le Moyen Age, l'estime des fauconniers se porte sur le faucon gerfaut *(Falco rusticolus)*

Plus grand, plus puissant que le faucon pèlerin, le faucon gerfaut est un hôte des régions arctiques, venant migrer parfois sur nos côtes occidentales. Plus que ses qualités de chasse, c'est surtout son prix, dû à sa rareté, qui en fit l'attribut par excellence de la noblesse. Cependant, il vole très rapidement et est inégalable quand il s'élève brusquement au cours d'une poursuite. Sa nourriture consiste principalement en oiseaux de taille moyenne et en petits mammifères. Même s'il surprend sa proie, il ne la lie pas mais la jette au sol où il vient l'achever.

Chez toutes les espèces, le début de la saison de reproduction est marquée par des parades nuptiales (mouvements, attitudes, jeux aériens...) qui ont pour effet de stimuler la physiologie des organes reproducteurs. La femelle participe à la parade mais souvent de façon tout à fait passive, c'est-à-dire en spectatrice. Toutes les parades sont généralement accompagnées de cris particuliers et puissants.

Moins prestigieux que les précédents, le faucon hobereau *(Falco subbuteo)*

C'est un migrateur, bien répandu en France dans les contrées semi-boisées à proximité d'un point d'eau. Sa silhouette, aux ailes effilées et très aiguës, à la queue relativement courte, ressemble à celle d'un grand martinet. C'est un faucon pèlerin en réduction, plus svelte, moins puissant, mais la souplesse de son vol lui confère plusieurs possibilités d'attaque : à l'affût, il exerce une surveillance attentive avant de foncer sur la proie aperçue; il chasse aussi en filant au ras du sol ou de l'eau et peut même s'associer avec un autre hobereau. Selon les circonstances, sa nourriture se compose de deux éléments, les insectes, de préférence les libellules et les gros coléoptères, et les oiseaux de petite taille, comme les hirondelles, qu'il chasse pendant l'été.

La chasse au héron fut sans doute l'une des plus réputées. Elle n'était pas sans présenter quelque risque pour le faucon.

Deux faucons de petite taille, l'émerillon, appelé au Moyen Age le faucon des dames, et le crécerelle

Le faucon émerillon *(Falco columbarius)* est un oiseau vif et rapide. Volant en rase-mottes au-dessus des haies, des arbres ou des herbes, il tente d'attaquer les petits oiseaux débusqués; deux individus peuvent s'associer, ce qui leur assure davantage de succès. Par sa persévérance, il rappelle l'épervier. L'émerillon capture tout ce qui est inférieur ou parfois égal à son propre poids, du roitelet au vanneau, et prend aussi à l'occasion bon nombre d'insectes : libellules, papillons, hannetons. La migration des passereaux, dont il se nourrit, coïncide d'ailleurs avec la sienne en des contrées plus chaudes, Tunisie ou Maroc. Il fréquente les plaines cultivées, les marais, les landes, les dunes et les rivages.

Très commun en Europe, le faucon crécerelle *(Falco tinnunculus)* se caractérise par sa méthode habituelle d'observer le terrain en volant sur place par des battements d'ailes vigoureux à une hauteur de dix à

« Les fauconniers [...] s'accordent à dire que le héron cherche à percer le faucon de son bec. Même lorsque celui-ci a jeté sa proie à terre, il n'est pas en sûreté, à moins qu'il ne l'ait saisie à la nuque, ce que ne manque jamais de faire un vieil oiseau [...], le faucon se tient en garde contre l'ongle interne recourbé et acéré de cet oiseau, qui peut le blesser grièvement. »

A. E. Brehm, *Les Oiseaux*

trente mètres; on dit alors que le faucon se maintient en «Saint-Esprit». Une fois la proie terrestre localisée, il tombe obliquement sur elle, la mange s'il a fait prise, avant de remonter à son exploration. Il pratique aussi l'affût du haut d'un arbre ou d'un poteau. Piètre chasseur d'oiseaux, le crécerelle se nourrit constamment de campagnols et d'insectes! Il s'adapte très bien à divers milieux naturels et, s'accommodant aisément de la présence humaine, il s'installe jusque dans les villes, où il se nourrit de moineaux domestiques ou d'étourneaux.

Le faucon sacre (ci-dessus) était l'oiseau privilégié des chasseurs arabes. De son nom *sakr* a été tiré le vocable *saqqar,* qui désigne toujours en Orient le fauconnier. Il était utilisé pour le héron et la grue aussi bien que pour la caille et le canard. On pouvait même l'employer à la capture de lièvres, et, dans le monde musulman, à celle des gazelles.

La fauconnerie orientale et ses favoris

Proche parent du gerfaut, le faucon sacre *(Falco cherrug),* d'origine asiatique, vole en battements plutôt lents et souples, contrairement au pèlerin, parcourant à faible hauteur les plaines et les steppes. Il couvre un vaste territoire. Ses moyens d'attaque sont très variés. La plupart du temps, il saisit ses proies à terre, mais il est aussi capable de les poursuivre en plein ciel et même entre les arbres. Durant l'été, le sacre se nourrit surtout de sousliks, petits rongeurs des steppes, d'autres petits mammifères ou de quantité d'oiseaux – canards, perdrix, petits passereaux. Migrateur partiel, le sacre hiverne dans le bassin du Danube, dans le sud des Balkans et en Afrique du Nord-Est.

Le faucon lanier *(Falco biarmicus)* est l'autre rapace prisé par les chasseurs orientaux. Rare et farouche, il habite des régions accidentées au climat sec et chaud, principalement en Afrique du Nord, sur les hautes falaises dominant plaines et plateaux. A l'âge adulte, il est sédentaire. Il chasse en piqué, au ras du sol ou entre les arbres espacés, capturant ainsi de nombreux oiseaux, quelques petits mammifères et même des lézards, des batraciens et des insectes; le long des parois rocheuses, le lanier peut s'associer avec la femelle, qui se charge de débusquer les proies, prises alors immédiatement en chasse par le mâle.

"Dans les montagnes de ce pays [le royaume de Cherman] naissent les meilleurs faucons, les plus braves et les mieux volants du monde. Ils sont plutôt plus petits que nos faucons pèlerins. [...] Et vous dis qu'ils sont si démesurément rapides, qu'il n'est oiseau qui puisse leur échapper au vol."

Marco Polo, *La Description du monde,* livre 1 chapitre XXXIV

Les oiseaux de proie aujourd'hui

L'industrialisation de l'agriculture, une certaine pression de chasse et un trafic d'oiseaux sauvages destinés à quelques fauconniers peu scrupuleux amenèrent, dès les années soixante, les pays anglo-saxons à protéger tous les rapaces. En France, ces mesures de protection ne furent prises qu'en 1972 et, aujourd'hui, même si des menaces pèsent encore sur quelques-uns de ces oiseaux, tels l'appauvrissement du biotope ou le développement des activités de nature, leur situation offre des motifs d'espérance.

« On a dit qu'un roi Ludhrîq chevauchait un jour lorsqu'un oiseau partit devant lui et voilà qu'un pèlerin fondit sur cet oiseau et le lia. Le roi en fut frappé d'émerveillement et se mit, dès lors, à affaiter les pèlerins, se faisant réserver toutes les captures de ces rapaces. »

Ibn Manglî,
De la chasse.
Du commerce des grands de ce monde avec les bêtes sauvages des déserts sans onde.

CHAPITRE II
DE LA CONNAISSANCE ET DE L'USAGE DU FAUCON

La chasse au vol s'épanouit en Orient puis en Occident au cours du Moyen Age. Des techniques de dressage se mettent en place, un langage propre à cet art s'élabore, des traités rassemblant ce savoir sont rédigés.

Où et quand l'homme eut-il l'idée de s'associer à un rapace pour chasser?

Les origines de la chasse au vol, ou fauconnerie, se perdent dans la nuit des temps. Les premiers témoignages dont nous disposons aujourd'hui la donnent originaire des régions riveraines du Tigre et de l'Euphrate. Des stèles, des bas-reliefs, retrouvés au cours de fouilles archéologiques, attestent que l'art du vol était pratiqué en cette partie du monde dès le IIe millénaire avant notre ère, mais très probablement, il y était connu auparavant.

Un art «barbare»

Pendant longtemps, la chasse au faucon s'est cantonnée à ces contrées d'Asie pénétrant peu les pays du bassin méditerranéen. En effet, l'Egypte, comme les civilisations grecque et romaine, semble l'avoir sinon ignorée du moins fort peu développée. Jusqu'à la découverte, au début du XXe siècle, d'un

On sait la place de choix réservée par la mythologie égyptienne au faucon Horus. La sacralisation de l'oiseau empêcha sans doute, dans les pays du Nil, son utilisation matérielle et ainsi tout essor de la fauconnerie. Pourtant, le faucon devait y être commun. Encore au IVe siècle av. J.-C., dans son *Histoire des animaux,* le philosophe et historien grec Aristote le cite parmi les espèces peuplant habituellement l'Egypte et précise même qu'il y est plus petit que celui rencontré en Grèce.

manuscrit hiéroglyphique dit *Le Papyrus de la dame Merit,* aucun document ne témoignait de l'exercice de la chasse au vol dans les pays du Nil.

Dans le monde hellénistique aussi, la fauconnerie était peu répandue. Aucun écrit ne fait allusion à sa pratique par les Grecs eux-mêmes et, fait révélateur, la langue d'Homère n'avait pas de vocable pour la désigner. Ce mode de chasse n'était pourtant pas inconnu des auteurs et historiens grecs : ils le décrivent, certes, mais comme appartenant à la culture des peuples barbares.

Rome négligea pareillement la chasse au vol. La langue latine, fort pauvre à cet égard, ne possédait que le seul terme *accipiter,* «qui vole rapidement», pour nommer indifféremment tous les rapaces.

En bref, l'Antiquité méditerranéenne ne s'intéressa pas à la fauconnerie. C'est un art, une passion propre aux hommes des marges de la civilisation gréco-romaine. C'est pourquoi sa véritable expansion est tardive. La chasse au vol est introduite en Europe un peu avant la fin du IVe siècle au cours des invasions germaniques.

C'est dans le même temps qu'elle se répand en Extrême-Orient au gré des poussées des invasions mongoles. Elle est importée de Chine au Japon au IIIe siècle apr. J.-C., où elle devient dès lors une pratique courante qui sera maintenue par la maison impériale jusqu'à la Seconde Guerre mondiale.

Avec passion, faste et puissance, l'art du vol se développe pour atteindre son apogée à partir du XIIIe siècle en Europe, un peu plus tôt en Orient, dès les VIIIe et IXe siècles : le Moyen Age est bien le temps de l'âge d'or du faucon. La chasse au vol va conserver son éclat en Europe, et en France en particulier, jusqu'au début du XVIIe siècle. Passé le règne de Louis XIII, elle périclite pour finalement n'être plus qu'un souvenir après la Révolution. Napoléon Ier

Le musée du Louvre conserve certaines des plus anciennes représentations de scène de fauconnerie, tel ce bas-relief hittite (XIIIe siècle av. J.-C.). Ces témoignages artistiques corroborent la croyance médiévale qui attribuait à l'Orient l'«invention» de la chasse au faucon.

tentera bien de constituer un équipage de fauconnerie impérial mais sans lendemain. Au XIXe siècle, ils étaient rares ceux qui, à l'instar du père de Toulouse-Lautrec, se passionnaient encore pour cet art.

La fauconnerie occidentale se constitue en puisant à plusieurs sources

Au Ve siècle apparaît le terme *falco,* pour nommer tout oiseau à ongles longs et recourbés, en fait tout oiseau de proie. L'étymologie de ce mot bas-latin serait *falx,* la «faux», faisant ainsi référence à la courbure du bec ou des ailes de l'oiseau. La distinction du genre des Falconidés est amorcée vers le milieu du VIIIe siècle lorsque, pour la première fois dans un même document – daté de 742 –, les deux termes *falco* et *accipiter* sont utilisés. La répartition des rapaces utiles pour la chasse en deux groupes correspondant aux genres ornithologiques des Accipitridés et des Falconidés est alors ébauchée. Mais c'est seulement après 1100 que le vocable *falco* est définitivement réservé au seul groupe des Falconidés, *accipiter* ne désignant plus que l'autour *(accipiter, aucceptor, ostor* en ancien français).

Dans le même temps, d'autres distinctions interviennent : les «lois barbares», rédigées au VIIIe siècle non seulement montrent l'importance sociale qu'avait déjà prise la chasse au vol dans les sociétés du haut Moyen Age, mais surtout rendent compte des toutes premières tentatives pour reconnaître, individualiser les diverses catégories de rapaces alors utilisées à la chasse. Trois espèces

Le terme *lanier* a été calqué sur le vocable germanique *anothapuh,* «l'oiseau qui chasse les anes», vocable qui, primitivement, pouvait qualifier tant un faucon qu'un autour. La distinction entre Accipitridés et Falconidés s'établissant, *lanier* en vint à désigner une «espèce de faucon chasseur d'anes». Les fauconniers de l'Occident médiéval distinguaient «deux manières» de laniers : le lanier commun et le «lanier tunicien», appelé aussi «faucon de Barbarie», «tunicien de Barbarie» ou encore «alfanet» (de l'espagnol *alfaneque).*

sont ainsi différenciées en fonction du gibier poursuivi : l'oiseau qui chasse la grue *(chranohari)*, l'oiseau qui prend les oies *(canshapuh)* et l'oiseau qui chasse les «anes» *(anothapuh)* – *ane* signifiant «canard» jusqu'au XIIe siècle.

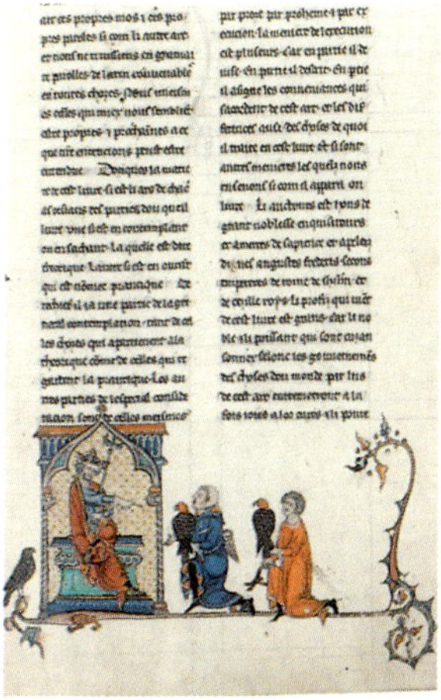

L'art du vol occidental doit beaucoup au monde musulman qui lui transmet un savoir technique et des connaissances «vétérinaires»

C'est en Orient que furent composés les premiers ouvrages théoriques, les premiers traités de fauconnerie. Le plus ancien conservé, daté de 783-785, est l'œuvre d'un grand fauconnier de la cour omeyyade de Damas nommé Ghatrif. Le second est rédigé un siècle plus tard par un certain Moamin, médecin du calife de Bagdad auquel son traité est dédié. Le décalage chronologique avec l'Occident est grand puisque les ouvrages latins qui nous sont parvenus ne remontent pas en deçà du XIIe siècle. Le plus ancien et le plus répandu, *Dancus Rex*, aurait été rédigé à la cour normande du roi Roger II de Sicile, au contact de la culture arabe.

Le décalage avec l'Orient est grand aussi dans le contenu des ouvrages. Les premiers traités européens sont assez courts et essentiellement thérapeutiques. Les traités orientaux sont plus élaborés et font part d'observations plus développées. Une large place est toujours faite aux maladies et aux accidents, aux traitements et aux soins des oiseaux : la description de certaines affections – podagre – ou lésions est si précise qu'il est aisé de les identifier avec leurs noms scientifiques modernes. Mais les oiseaux et les différents aspects de l'exercice de la volerie font aussi l'objet de chapitres détaillés.

Les premiers traités occidentaux restent souvent entachés de superstitions. «Si ton faucon a l'haleine puante, c'est qu'il a le poumon trop gras», explique au XIVe siècle le roi Modus à ses élèves. Du même : «Si un faucon trouve et respire avec difficulté, il a l'asthme que tu peux guérir ainsi. Brûle le poumon d'un renard jusqu'à ce qu'il soit réduit en poudre et mets-en sur la viande que tu lui donnes à manger jusqu'à ce que tu voies qu'il est guéri»
(H. de Ferrières, *Le Livre du Roy Modus et de la Royne Ratio*).

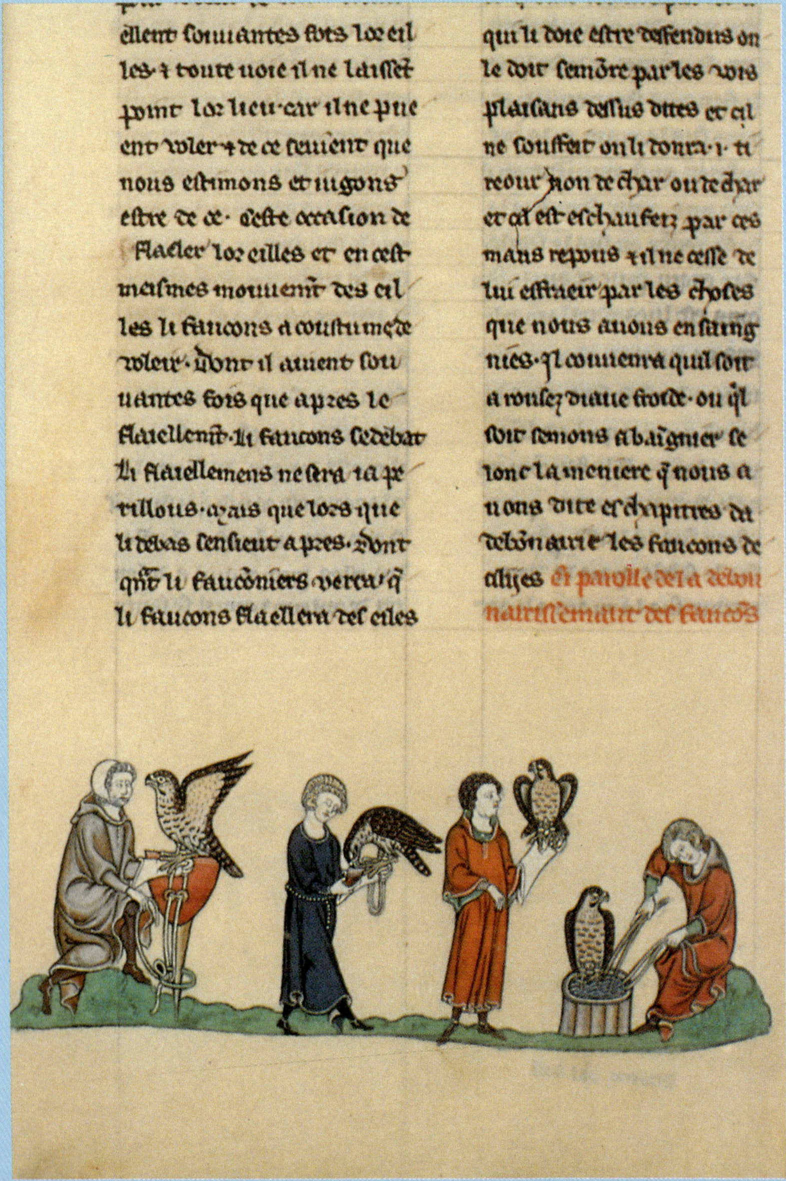

ellent souuantes fois lor el
les. & toute uoie il ne laisset
point lor lieu. car il ne pue
ent voler. & de ce sauient que
nous estimons et iugons
estre de ce. ceste ocasion de
flacler lor eilles et en ces
meismes mouuement des el
les li faucons a coustume de
voleir. dont il auient sou
uantes fois que apres le
flaellement li faucons se debat
li flaellemens ne sera ia pe
rillous. mais que lors que
li debas sensieut apres. dont
quant li fauconiers verra q
li faucons flaellera des eles

qui li doit estre defendus ou
le doit semondre par les vois
plaisans dessus dites et qil
ne souffreit on li donra .i. ti
reour non de char ou de char
et qil est eschaufez par ces
mains repous & il ne cesse de
lui esfraeir par les choses
que nous auons ensaing
nies. il conuenra quil soit
arousez diaue froide. ou qil
soit semons a baignier se
lonc la maniere que nous a
uons dite es chapitres de
debonairete les faucons de
alires. Ci parolle de la debon
nairete maniere des faucons

«De arte venandi cum avibus»

Il s'agit du plus célèbre des traités de fauconnerie européens, de par la personnalité de son auteur – l'empereur Frédéric II –, ainsi que par le caractère encyclopédique de l'ouvrage et par la richesse des illustrations accompagnant le texte. Rédigé en latin entre 1244 et 1250, il fut immédiatement traduit en vieux français. Les miniatures se présentent comme une bande dessinée sur la vie des faucons de chasse. Chaque jour, on «jardine» les oiseaux : on les fait sortir dans la cour de la fauconnerie pour qu'ils s'ensoleillent en attendant leur «pât», leur nourriture. Et rien de tel qu'un bain pour lutter «contre les effrois et les débas du faucon». Au repos, les faucons s'attachent au «bloc», sorte de piquet surmonté d'un plateau rond revêtu de cuir ou de feutre, car les faucons ont besoin pour se reposer d'étendre leurs doigts, appelés «mains» en fauconnerie. Il faut donner de la viande d'oiseau plutôt que de la viande d'animal à quatre pieds, recommande Frédéric II, mais aussi du fromage, des œufs, du lait…

et traitier plus hardiement en
autre temps. Toute uoie on
doit eschiuir qu'il ne soit tou
chiez ou traitiez de mains de
lauees. Car pour ce cel pennes
deslauerient et plus tost se
tient mortes et desflorees. Il
doit estre depertez par la mai
son ça et la. Car par se deper
il lauera ester sus la main
plus fermement et plus seure
mant vers le soir ou de nuit
mile miex. Car il a acoustume
ra de plus amer la main
et ne li anuiera pas ester
sus li. La cuisse d'une geli
ne d'une mesmes cantitei
est souffisans cantitez de ui
ande pour lui. ou ygaus
quantitez d'autres chars cou
uenables. Car ceste quantitez
de past est souffisans on co
mancement pour les faucons
moiens. Pour ce que par cest

uant volei as chans il se
debatrient tant sa et la
par le lieu ou quel il sont
quil neschaperient pas sil
ne se blesissient en manbres
ou en pennes ou en lun et
lautre pour ce doit on a
ler de nuit pour eus pran
dre et la lumiere est portee p
ce quote en queil partie dou
lieu il sont et la chandoille
ostee il soient pris la ou il
sont dui compaingnon doivent
aler en samble si com il a

sus la main on les doit cili
er et doit on lor ongles re
bouchier et reongnier et
en lor piez metre les giez et
en lun de lor piez metre la
campenelle et le tournet
et la longe sil convient. ai
si sont lor oeil cousu et a
clouree pour ce quil ne voi
ent loume et ceste maniere
de euvre est apelee cilier et
bloir. car son ne lor clooit
les iex ainsi quist il veroient
la face de loume il serient

Le chaperonnage est indispensable pour les faucons. Transporter le faucon «vers le terrain de chasse sans chaperon serait lui donner mille occasions d'être sollicité par autant de tentations. Il arriverait ainsi dans un état de déséquilibre nerveux au moment où l'on attend de lui le maximum» (Ch. de Chamerlat, *La Fauconnerie et l'art*). Il existait plusieurs sortes de chaperons : le chaperon de dressage ou de travail, dit aujourd'hui «de rust», fort simple; le chaperon de chasse et le chaperon d'apparat.

L'influence orientale touche tardivement l'Europe, d'abord par le canal de l'Espagne grâce à l'installation des Maures au VIIIe siècle, qui apportent avec eux les connaissances persanes et arabes en matière de fauconnerie. La diffusion de celles-ci sera amplifiée par les croisades. Les croisés découvrent d'autres passionnés de l'art du vol et ramènent de Terre sainte deux procédés techniques d'importance toujours utilisés aujourd'hui : le leurre, simulacre de proie qui sert à rappeler le faucon, et le chaperon, petite coiffe de cuir maintenue sur la tête de l'oiseau qui, lui bouchant la vue, lui permet de rester calme. Enfin, au XIIIe siècle, sont effectuées les premières traductions latines puis romanes des ouvrages arabes. L'empereur Frédéric II, préparant son traité sur l'art de chasser avec des oiseaux, *De arte venandi cum avibus,* fait traduire les écrits de Moamin et de Ghatrif. Tous les auteurs occidentaux s'inspireront de Moamin ou y puiseront, comme Henri de Ferrières au XIVe siècle,

Guillaume Tardif à la fin du XVe siècle, Charles d'Arcussia au siècle suivant.

Si les apports de l'Orient vers l'Europe ont été prédominants, il y eut aussi dans le même temps quelques techniques que l'Occident chrétien transmit au monde musulman. Ce sont les chevaliers croisés, en particulier les flamands, qui firent connaître à l'Orient le chien d'oysel, dressé à quêter et lever le gibier puis à aider le faucon à maîtriser les oiseaux de grande taille. Jusque-là, le monde arabe ne disposait à la chasse que du lévrier oriental, le sloughi.

Les chiens constituent le deuxième élément d'un équipage de fauconnerie. Jusqu'à la fin du XIIe siècle, les documents ne parlent que de «chiens d'oiseaux». Vers 1200, des mentions de «brachets» se font de plus en plus nombreuses et vers la fin du XIIIe siècle apparaît une autre espèce à poil long : l'épagneul, originaire d'Espagne comme son nom l'indique.

De l'usage du faucon : une technique, un langage

La préférence des fauconniers du Moyen Age va aux jeunes oiseaux, en particulier à l'oiseau niais – c'est-à-dire l'oiseau capturé dans l'aire. Les chances de réussir le dressage d'un jeune sont en effet bien plus grandes qu'avec un adulte.

C'est «celui où il a moins à faire», enseigne le roi Modus à ses élèves au XIVe siècle. Les faucons adultes – «hagards» – étaient pris dans les «tenderies» ou «tendues», ce terme désignant au Moyen Age à la fois le terrain où l'on posait les pièges et les pièges eux-mêmes.

L'éducation des oiseaux se faisait en deux temps : l'affaitage et l'introduction au vol

Tout fauconnier sait la difficulté d'éduquer un oiseau à l'encontre duquel n'existe aucun moyen de contrainte. Les traités anciens s'attardent longuement sur la manière d'«affaiter» les oiseaux, c'est-à-dire de les accoutumer à l'homme. On affaitait l'oiseau – on le mettait au fait – en l'«abaissant» par un jeûne prolongé et en le tenant éveillé jour et nuit. C'est par épuisement, en jouant sur la fatigue et la faim, que le fauconnier tentait – et tente toujours aujourd'hui – d'obtenir un commencement de soumission. L'oiseau était cillé. Pour ce faire, on passait un fil au travers de la paupière inférieure pour l'obliger à ne voir que vers

Le piégeage pouvait consister à utiliser un appelant vivant (pigeon, chouette) retenu sur un perchoir branlant. Le faucon arrivant sur l'appât était recouvert par un filet. Autre procédé : les porte-leurres volants lâchés à vue d'un rapace. C'était le plus souvent un pigeon cillé porteur d'une pelote de nœuds coulants dans lesquels venaient s'emprisonner les serres du faucon. Restait la glu. On ne sait si ce moyen qui salissait et pouvait abîmer l'empennage fut réellement employé. Selon Brehm, ce procédé était commun aux Indes au XIXe siècle.

le haut, et s'habituer plus rapidement à la présence de l'homme. On desserrait peu à peu le fil, permettant ainsi une ouverture progressive à la pleine lumière. Le procédé du cillage fut peu à peu remplacé par le chaperon, au retour des croisades.

Le fauconnier, aidé de son valet, partageait nécessairement une grande partie des fatigues auxquelles il soumettait l'oiseau, le portant continuellement jour et nuit, sans lui permettre un seul instant de repos. Frédéric II et Henri de Ferrières conseillaient de jeter de l'eau au visage du faucon pour l'empêcher de dormir, pour le calmer aussi lorsqu'il s'agitait ou se défendait trop. Dès qu'il donnait des signes de docilité, et qu'il se laissait couvrir et découvrir la tête du chaperon, on incitait le faucon à «sauter le poing» pour y chercher une «beccade» – petits morceaux de viande. C'est ainsi qu'il s'habituait à la présence de son dresseur : rendu peu à peu à l'usage de la vue, prenant le «pât», c'est-à-dire sa nourriture, tranquillement à la main du fauconnier. C'est alors qu'il était «bon pour être introduit». Porté aux champs, le faucon apprenait à manger sur leurre. Le fauconnier avait bien soin de faire entendre un cri particulier qui devait servir plus tard à le rappeler, c'est-à-dire à déclencher le réflexe du retour immédiat au maître. Puis il était leurré «entre les gens», auprès des chevaux «pour qu'il s'habitue à les voir», enfin auprès des chiens «pour lui faire aimer».

«Eclisser» le faucon pour le «mettre en amitié» : le fauconnier s'emplissait la bouche d'eau qu'il pulvérisait sur la poitrine – le «buffet» – de l'oiseau, afin de le calmer. L'entraînement sur «escap» – proie vivante – devait apprendre à l'oiseau à faire prise dans toutes les positions. A cette occasion, on «créançait» le faucon : on le spécialisait dans le vol d'un gibier déterminé.

Selon les étapes de la vie de l'oiseau, Modus, tout comme les autres fauconniers, distingue «faucons niais, sors, entremués et mués. Le niais a été pris au nid, le sor avant la première mue, l'entremué n'a fait qu'une seule mue avant d'être pris, le mué en a fait plusieurs. Les faucons entremués gardent encore de la couleur sore.» L'âge des oiseaux de chasse est donné par le nombre de mues annuelles.

Ces exercices quotidiens, répétés sur des distances chaque fois accrues, devaient, au bout de quelques semaines, rendre l'oiseau «assuré», c'est-à-dire volant librement et revenant sans hésitation au rappel du fauconnier. Venait alors le premier vol «pour bon», moment toujours critique et déterminant, moment d'intense émotion, dans l'attente du retour du faucon.

Les fauconniers médiévaux sont-ils les précurseurs des ornithologues contemporains?

Les traités de fauconnerie fourmillent d'observations, de réflexions sur la morphologie, le comportement des oiseaux de chasse. Certains de ces ouvrages révèlent un remarquable esprit d'observation. Ainsi, les fauconniers orientaux sont les premiers à distinguer les rapaces utilisés à la chasse selon la couleur de leur iris. Ils ont différencié les «yeux jaunes», ou oiseaux de bas-vol – autour, épervier –, et les «yeux noirs», ou oiseaux de haut-vol, qui regroupent tous les faucons : cette classification correspond à la systématique moderne.

Comme en témoigne le superbe ouvrage de Frédéric II, les fauconniers médiévaux surent

Pour être aisément transporté, le faucon est enserré dans le «maillolet», sac de lin maintenant les ailes et les pieds et ne laissant passer que la tête et l'extrémité de la queue.

rapidement reconnaître les faucons à la couleur de leur plumage : les principales espèces – gerfaut, sacre, lanier et pèlerin, hobereau et émerillon – ont été identifiées au Moyen Age; leurs lieux de nidification, leur mode de reproduction, voire leurs migrations, ont été, dans l'ensemble, assez bien compris par ces hommes. Ce sont eux qui ont mis au point la nomenclature, utilisée pratiquement sans modification aujourd'hui, qui différencie l'oiseau de chasse selon les étapes de sa vie, selon les conditions dans lesquelles il vivait au moment de sa capture. C'est Frédéric II encore qui observe la différence de taille entre femelle et mâle chez les rapaces. Certes, les descriptions d'oiseaux, même en apparence précises, ne sont pas effectuées selon les critères de la systématique actuelle. Certaines sont trop teintées d'anthropocentrisme, établies en fonction de l'usage que l'homme peut tirer de l'oiseau, d'autres répondent à un portrait idéal du faucon, d'autres encore ne sont que le reflet d'appréciations personnelles et donc subjectives. On ne peut faire grief aux fauconniers médiévaux de ces descriptions malhabiles, imprécises, confuses, quand on sait toute la complexité de la science ornithologique contemporaine. Ne distingue-t-on pas aujourd'hui pour le seul faucon pèlerin pas moins de seize ou dix-sept variétés de par le monde!

La fauconnerie est un art qui, selon Frédéric II, procède tout entier de l'amour. Comme un art, on ne pouvait acquérir la pratique et comprendre le langage de cette discipline que par l'intermédiaire d'un maître. «Ci devise comment le roi Modus monstre a ses escoliers la science de fauconnerie» *(Le Livre du Roy Modus)*.

« Après, à un des bouts de la sale, en haut, partit tout en l'air un héron qui fut escrié de plusieurs voix, en guise de fauconniers... et d'un autre costé partit un autre faucon qui vint de si grande roideur, et ferit le héron si rudement qu'il l'abatit au milieu de la sale ; et après la criée faicte, le dict héron fut présenté à mondict signeur. »

Olivier de La Marche, relatant le Banquet du Faisan,
organisé par Philippe le Bon à Lille, 1454

CHAPITRE III

POSSÉDER UN FAUCON : UN DROIT, UN LUXE

Le faucon joue un rôle primordial dans la vie aristocratique, occidentale comme orientale. Il fait partie de l'image que l'on veut donner de soi-même.

La possession d'un faucon est un privilège seigneurial

Des précautions nombreuses ont été prises tout au long des siècles visant à protéger les faucons, ou plus exactement à les réserver socialement. Les aires des oiseaux furent l'objet d'une sollicitude jalouse depuis les lois germaniques au VIIIe siècle. Le maître d'une forêt avait le droit de reprendre à celui qui les avait dénichés les oiseaux de vol nés dans cette forêt. Et la loi salique déclare que si quelqu'un s'est emparé dans l'arbre d'un oiseau de chasse, il est frappé d'une amende de 3 sous. Durant tout le Moyen Age, défense était faite de dénicher les faucons dans les domaines royaux et seigneuriaux. Les aires étaient d'ailleurs surveillées par des gardes et des sergents forestiers.

«C'est une chose très importante que de porter le faucon de sorte qu'il se sente à son aise, car cela le fait vivre plus longtemps. [...] Le faucon sera assis sur le poing, non sur le dos ou le revers de la main, ni sur les doigts. Il faut tenir le bras et le poing tout fermes et si tu sais bien porter ton faucon, on n'entend pas sonner les grelots.»
Le Livre du Roy Modus

En 1484, le duc Charles d'Orléans fit donner aux sergents de la forêt de Boulogne la somme de 18 livres et 17 sols tournois pour leurs «despens et paines d'avoir gardé nuit et jour les lasniers jeunes estans en ladite forest».

Dérober un oiseau dressé était tout aussi grave. Selon la loi salique, si l'oiseau est sur la perche, l'amende s'élève à 15 sous; s'il se trouve dans une pièce fermée à clef, l'amende atteint la somme importante de 45 sous. La loi des Burgondes va plus loin : le voleur doit laisser l'oiseau volé lui manger six onces de chair sur la poitrine à moins qu'il ne préfère payer 6 sous de dommages au propriétaire, plus 2 sous à titre d'amende! Une pareille réglementation se retrouve aux temps carolingiens. Plus tard, en Angleterre, elle se révèle plus dure encore : on punissait de mort le vol d'un faucon.

La chasse au vol était partout interdite aux paysans, aux non-nobles en général. En France, au XIVe siècle, Charles VI réaffirme que seule la noblesse a le droit de la pratiquer. Restriction en droit mais aussi en fait, car disposer du temps et de l'argent nécessaires pour s'adonner à ce plaisir, à ce «déduit» comme on l'appelait, n'était pas à la portée de tous.

Certains seigneurs tenaient pour un de leurs plus grands privilèges le droit héréditaire de porter un oiseau de chasse à l'église. Des exemples sont célèbres tel celui du seigneur de Sassy, près d'Anet, qui pouvait porter et mettre son oiseau de chasse, pendant l'office, sur le coin du grand autel de l'église Notre-Dame d'Evreux. Des évêques, des abbés ne craignaient pas d'imiter l'exemple laïc malgré les interdictions canoniques. Etre issu d'une famille noble n'était-il pas considéré par les ecclésiastiques comme leur donnant le droit de pratiquer la volerie!

Chercheurs de faucons : une activité lucrative

Certains «tendeurs» étaient des occasionnels, des hommes que leurs activités quotidiennes amenaient à fréquenter l'espace forestier ou les friches – bûcheron, charbonnier, gardien de troupeaux. Ils tiraient un bénéfice de leurs trouvailles fortuites apportées au seigneur, qui récompensait leurs prises d'une somme d'argent généralement non négligeable.

D'autres, les plus nombreux, étaient de véritables spécialistes de la tenderie aux faucons. Il s'agissait soit d'officiers seigneuriaux chargés de fournir les voleries, soit d'oiseleurs qui louaient leurs services à un seigneur, s'engageant à lui livrer tous les oiseaux de chasse qu'ils piégeraient, moyennant une somme d'argent. C'était ainsi que procédaient certaines cours princières d'Europe : la cour de Sicile, sous Frédéric II, entretenait ainsi une véritable compagnie de chasseurs de faucons spécialisés, payés sur gages. C'était également le cas à la cour des rois de France, des ducs de Bourgogne, des comtes de Genève, du roi René d'Anjou. Dans l'Islam médiéval aussi, la capture des faucons était l'affaire d'oiseleurs professionnels appelés «huttiers». Ces spécialistes étaient entretenus, nourris et habillés par les maisons seigneuriales. En mars 1451, le roi René fait donner à «Erard l'oyseleur», allemand d'origine, 3 écus, 4 livres et 2 sols «pour avoir chausses, souliers et autres choses qui sont nécessaires» à l'exercice de son activité. Toutefois, les prises des tendeurs ne suffisent pas à satisfaire les demandes incessantes des voleries

Les échanges directs d'oiseaux ont été très souvent pratiqués. Si ce système permettait d'augmenter sa propre volerie, il supposait également que l'on en ait toujours suffisamment à disposition pour en gratifier quelqu'un. Toute l'aristocratie participe à ces échanges : du simple écuyer aux princes jusqu'aux membres du haut clergé et au pape. Offrir des faucons honore à la fois celui qui fait le cadeau et celui qui le reçoit.

seigneuriales, et c'est par achats auprès de marchands spécialisés, appelés en France «cagiers», en Allemagne *Vogler,* qu'on se procurait plus sûrement la plupart des oiseaux de haut-vol.

Un commerce de luxe à longue distance

Les principales régions fournisseuses de faucons étaient situées au nord et au sud de l'Europe : autour de la Baltique d'une part, autour de la Méditerranée d'autre part. Les faucons les plus réputés venaient des régions scandinaves. Les gerfauts de Norvège étaient déjà renommés dans la première moitié du XIIIe siècle. Autre lieu privilégié : l'Allemagne du Nord où l'ordre Teutonique, à la fin du XIIIe siècle et durant tout le XIVe siècle, joua un rôle fondamental dans la capture et le commerce des oiseaux de chasse. Les faucons étaient piégés sur tout le pourtour de la Baltique – du sud de la Suède à la Lituanie – puis centralisés à Königsberg – aujourd'hui Kaliningrad. De là, ils étaient redistribués par les marchands flamands et surtout allemands. C'étaient eux qui fournissaient les grandes seigneuries françaises aux XIVe et XVe siècles.

L'autre grande région était constituée par les pays riverains de la Méditerranée : l'Espagne, l'Italie et surtout les îles. Celles-ci approvisionnaient la cour des rois normands puis celle de Frédéric II. Au XVIe siècle encore, selon Charles d'Arcussia, un grand nombre de

Les transports de faucons étaient nombreux et quelquefois très longs. Les oiseaux étaient portés dans des cages, de simples cadres rectangulaires, munis de quatre pieds permettant de les poser sur le sol, tendus de courroies, pour qu'un homme se tenant à l'intérieur puisse les porter.

faucons laniers venaient de Sicile et aussi de Pouille. Enfin, du Maghreb, étaient exportés les faucons africains appelés selon les auteurs «taharotes» ou «tarrotes de Barbarie».

Certaines villes apparaissent comme de véritables carrefours européens de la fauconnerie. Königsberg restera une plaque tournante essentielle jusqu'à l'époque moderne. Etaient connues également Vienne où étaient revendus des gerfauts amenés de la Baltique, Paris où l'on pouvait également s'équiper en armement de chasse, tout comme Milan. Les Flandres étaient aussi très renommées, particulièrement pour leurs maîtres fauconniers. Sous Louis XIII encore, des seigneurs français ne manquaient pas d'envoyer leurs propres fauconniers aux Pays-Bas apprendre ou parfaire leur art. Cette notoriété des Flamands dans l'art de la fauconnerie a subsisté jusqu'à l'époque moderne. Ce n'était pas cependant la seule école connue. Dès la fin du XIVe siècle, les Flandres ont été concurrencées par l'école de fauconniers fondée en Prusse par le grand maître de l'ordre Teutonique, Conrad von Jungingen.

La fauconnerie et son coût : un luxe ostentatoire

Les faucons sont précieux. Encore au XIXe siècle, si on en croit Brehm, «l'oiseau de race, comme les Arabes nomment le faucon, jouit en Afrique d'autant d'estime que le cheval. Quelquefois même, un faucon dressé se

Plus il vient de loin, plus l'oiseau est cher, plus aussi il est recherché. En raison de son prix, chaque oiseau était l'objet, au moment de son achat, d'un examen minutieux. Les traités sont prolixes de détails sur les signes extérieurs que doivent présenter les faucons pour être jugés de «bonne affaire». Au XIVe siècle, le chapelain du roi Jean le Bon, Gace de la Buigne, dans son *Roman des déduits de la chasse,* donne une idée de ce que devait être, selon lui, la norme en matière de volerie. Il conseille ainsi à un écuyer de ne posséder que deux laniers ou un seul faucon pèlerin; aux gentilshommes de rang moyen, il recommande d'en avoir trois ou quatre, aux grands seigneurs «de bons oyseaux a grant foison».

paye le prix d'un cheval». Le nombre des faucons employés dans l'équipage de volerie variait évidemment avec la richesse des chasseurs, avec la position sociale occupée au sein même de la noblesse. L'équipage de volerie de la petite noblesse avait ainsi peu à voir avec celui que pouvait détenir la grande aristocratie et à plus forte raison les souverains.

Un compte bourguignon datant de 1396 livre une image de la volerie entretenue par le duc et son fils, le futur Jean sans Peur. A eux deux, ils totalisent quarante-deux oiseaux qu'entretiennent vingt-sept personnes : le duc possède trente-deux faucons pèlerins et laniers ainsi que trois gerfauts;

Une chasse en Occident

La chasse à l'oiseau se confondait souvent autrefois avec la chasse en rivière au point que l'on disait «aller en rivière» ou «chasser en rivière» pour signifier plus généralement que l'on pratiquait la volerie. On levait le gibier avec l'aide des chiens, bien sûr, mais aussi en battant les buissons avec la «chassoire», sorte de longue perche, ou encore en «férant de l'estivel», c'est-à-dire en frappant sa botte avec son gant. Une fois le gibier levé et les faucons lancés, on cherchait à suivre les oiseaux en les «huant», c'est-à-dire en les excitant du geste et de la voix. Lorsque le faucon avait fait prise, on s'empressait d'aller lui enlever la proie. Pour ce faire, le fauconnier présentait à l'oiseau le «tiroir».

A la cour du grand khan

On connaît l'émerveillement de Marco Polo assistant aux chasses du grand khan : «Et quand le grand Sire a demeuré trois mois dans la cité de Cambaluc, il [...] s'en va dans la campagne [...]. Il mène avec lui bien dix mille fauconniers, et emporte bien cinq cents gerfauts, faucons pèlerins et faucons sacres; et il emporte aussi en grande quantité des autours pour oiseler sur les rivières [...]. Et vous dis que quand le grand Sire va ainsi oiselant avec ses gerfauts et autours, il a bien dix mille hommes rangés deux par deux sur la plaine [...], ils surveillent assez de pays et chacun a un appeau et un capuchon, de sorte qu'ils peuvent appeler et retenir les oiseaux» *(La Description du monde,* livre I, chapitre XCIV).

son fils, cinq faucons et deux sacres. Dans le même temps, Gace de la Buigne dépeint le roi Charles V allant chasser avec trente faucons. Au début du XVIe siècle, l'évêque de Saluces, invité à la cour de France, écrit à Cosme Ier de Médicis que François Ier et les seigneurs de sa cour disposaient de plus de cinq cents faucons! Sous Louis XIII, au début du XVIIe siècle, la fauconnerie royale comportait cent quarante oiseaux. Dans le même temps, les voleries orientales étaient plus fastueuses encore au dire des voyageurs européens. Jean-Baptiste Tavernier, qui demeura plusieurs années en Orient, raconte que le roi de Perse entretenait alors plus de huit cents faucons!

La plupart se contentaient d'une volerie bien plus réduite : un, deux, voire trois faucons, certainement des plus communs – émerillon, hobereau, lanier. Car l'entretien d'un équipage de volerie entraînait des dépenses importantes. C'était là une formidable occasion de développer un luxe exceptionnel, en un mot de paraître.

Ainsi, dans l'armement de l'oiseau, toutes les pièces étaient ornementées. Les sonnettes étaient en métal doré. Les jets ainsi que la longe retenant le faucon captif sur sa perche pouvaient être brodés d'or et de perles, de même que les chaperons, lesquels étaient parfois enrichis de soie, de maroquin, d'or et de petites plumes d'autruche, comme chez les Bédouins du Sahara que visitaient au siècle dernier les voyageurs occidentaux. En France, les comptes royaux de la fin du XIVe siècle font état de «perles de compte» que «Madame la Royne» a offertes au roi et au duc de Bourgogne pour «garnir et estoffer les giez» de leurs faucons. Les tourets, en métal précieux, pouvaient être garnis de pierreries,

Les fauconniers étaient entretenus par les cours seigneuriales. Ils recevaient annuellement une «livrée» : en Bourgogne, une robe aux couleurs du duc, sur les manches de laquelle étaient brodés des leurres. Ils possédaient un certain nombre d'accessoires indispensables à leur activité : le gant, la gibecière, appelée «fauconnière», et le leurre.

les vervelles gravées au nom et aux armes du propriétaire des oiseaux. Tout pareillement, perles, pierres fines et broderies d'or et d'argent garnissaient les gants à fauconner, les gibecières, jusqu'aux «esclissouères à jeter eau» – seringues servant à jeter de l'eau au visage du faucon pour le calmer – et aux fers à cautériser les oiseaux malades.

Un personnel coûteux, le fauconnier

Tous les ouvrages font une très large place à l'art d'entretenir en bonne santé les faucons. Un personnel abondant et qualifié était nécessaire non seulement pour entretenir la fauconnerie et la maintenir propre et chauffée, en particulier entre octobre et Pâques, mais aussi et surtout pour savoir choisir la nourriture la plus profitable aux faucons, surveiller la mue, période critique entre toutes pour les rapaces et remédier aux maladies en examinant les pelotes de regurgitation et les émeuts.

Un peu partout en Europe, du haut Moyen Age jusque vers le milieu du XIIIe siècle, le terme de fauconnier – *falconarius* en latin – s'est appliqué presque exclusivement aux officiers des princes. Puis l'habitude fut prise de distinguer les fauconniers les plus expérimentés en les nommant maîtres. Ayant pris naissance sans doute à la cour de Sicile, cette qualification se répand au XIIIe siècle en France et en Allemagne. Au siècle suivant, la hiérarchie se complique, le personnel se multiplie avec à sa tête des maîtres fauconniers. Dans le royaume de France, la plupart appartiennent à la petite ou moyenne noblesse. Nommés et ayant prêté serment, ils sont

Saint Bavon est le patron des fauconniers. La légende veut que ce noble flamand, menant une vie dissolue, fût un jour accusé d'avoir volé un faucon blanc. Condamné à mort, il fut sauvé par l'apparition soudaine de l'oiseau qui prouvait ainsi son innocence. Il se convertit et devint ermite.

généralement très proches du prince qui n'hésite pas à leur confier des missions, ou ambassades délicates. Cette charge leur sert bien souvent de tremplin. Sous Louis XIII encore, bien des seigneurs ont dû à la fauconnerie leur ascension sociale, tel Charles d'Albert de Luynes. Subordonné direct du maître fauconnier, le fauconnier est chargé du gouvernement d'un ou de deux oiseaux, rarement plus. Souvent d'origine modeste, sa condition cependant ne se confond jamais avec celle des valets employés pour l'entretien journalier des faucons : le valet de faucons et le valet de rivière. En Europe occidentale, seul un petit nombre de nobles pouvait s'offrir un personnel de chasse spécialisé. A la fin du Moyen Age, en Bourgogne, ils sont moins d'une dizaine sur sept cent cinquante à huit cents familles nobles que compte alors le duché!

Un véritable et bon fauconnier devait – et doit toujours – pouvoir dresser «avec sucés les faucons de toutes tailles, de toutes plumes et de tous pays» *(Le Livre du roi Modus).*

N'est pas fauconnier qui veut!

Etre fauconnier exigeait, et exige toujours, des qualités variées. Certaines sont communes à tout chasseur : posséder une bonne santé, être adroit, avoir des sens parfaitement exercés. D'autres sont particulières au fauconnier : avoir une «grande et forte voix» se révélait nécessaire pour se faire entendre de loin des oiseaux; la chasse au vol se confondant souvent avec la chasse en rivière, savoir nager devenait obligatoire pour rechercher les faucons égarés.

A ces conditions physiques s'ajoutaient des aptitudes morales. «Des déduits des oiseaux, disait le roi Modus, il faut que celui qui veut en jouir ait en soi trois choses. La première est de les aimer parfaitement, la seconde de leur être aimable, la troisième que l'on en soit curieux.» Enfin, un certain nombre d'obligations incombaient au fauconnier : pas de gestes brusques ni d'emportements, surtout ne pas s'enivrer au risque de trembler et de ne plus être capable de porter l'oiseau – «le poing du porteur peut améliorer l'oiseau comme il peut le gâter», rappelait Ibn Manglî. En définitive, suivre un mode de vie strict, à la disposition de ce prince des airs avec lequel il fallait savoir perdre son temps.

Dure vie d'un oiseau de luxe!

Tenderies, achats, dons, les entrées de faucons étaient fréquentes dans les voleries seigneuriales. C'est que, outre le besoin social de paraître, il fallait renouveler constamment les fauconneries car la mortalité y était sévère. La maladie et l'usure avaient raison de bon nombre de faucons. En captivité, travaillant durement, car une partie de chasse fatigue intensément l'oiseau, les faucons avaient une vie notablement écourtée. Brehm signale qu'au XIXe siècle la vie d'un faucon de chasse dépassait rarement trois ans. Les transports, trop nombreux et effectués dans des conditions souvent difficiles, n'ont pas favorisé la survie des oiseaux de vol : transport au moment de leur capture, de leur achat, transports parfois quotidiens car la plupart des cours seigneuriales ne se déplaçaient pas sans leur volerie. N'emmenait-on pas, comme le fit Frédéric II, ses faucons jusque sur les lieux de la guerre! Enfin, il fallait compter avec les pertes au cours des parties de chasse. C'était une mésaventure fréquente qui fournissait aux veneurs un de leurs arguments préférés dans les débats qui les opposaient aux fauconniers, et aux bourgeois le sujet de nombreuses plaisanteries. Les premiers se moquaient des recherches acharnées qu'entraînait la perte d'un faucon. Les seconds ne comprenaient pas que l'on puisse attacher tant de valeur à un bien aussi peu sûr. Précieux leur vie durant, ils étaient vite oubliés une fois morts. «Ilz sont de nul proffit, disait Barthélemy l'Anglais, car on ne les porte en la cuysine ni a table pour manger, mais on les jette sur le fumier.»

En Orient se pose le délicat problème de la mue : la chaleur excessive empêche les oiseaux de muer normalement.

Il faut qu'un faucon soit bien renommé pour qu'on le garde plus d'une année. On cite comme des exemples exceptionnels les oiseaux conservés pendant trois ans. Aujourd'hui encore, la plupart des fauconniers arabes relâchent les oiseaux en fin de saison, s'en procurant d'autres à chaque nouvelle période de chasse.

Messager des dieux ou incarnation d'états spirituels, le faucon fut une abondante source d'inspiration pour les arts et les religions. Compagnon de chasse très choyé au Moyen Age, il joua un rôle marquant dans la représentation sociale de la noblesse. Aujourd'hui, il n'a rien perdu de son pouvoir d'attraction.

CHAPITRE IV
LA SYMBOLIQUE ET L'IMAGINAIRE

« Par l'ardeur inaltérable de ses feux, par sa fidélité édifiante et son dévouement énergique aux principes de la supériorité féminine, il [le faucon] personnifie l'Amadis, le Roland, le Don Quichotte, la fleur des pois de la chevalerie. »

A. Toussenel, *L'Esprit des bêtes*

Aigles et faucons dans les mythologies

Le faucon, l'aigle et le vautour jouent ordinairement un rôle identique dans les légendes et les mythes où l'oiseau de proie est généralement le soleil. En Inde, dans le *Rigveda,* le plus ancien des recueils d'hymnes sacrés du védisme, qui est la forme primitive de la religion brahmanique, le dieu Indra prend souvent l'apparence d'un faucon; il apporte aux hommes la nourriture goûtée par les dieux et, en s'enfuyant de la forteresse dans laquelle il était enfermé, prend dans ses serres la lumineuse ambroisie, par laquelle la vie est prolongée et les morts ressuscités. Toutefois, en portant l'ambroisie à travers les airs, il est atteint par l'archer Kriçânu qui abat l'une de ses serres dont va naître le hérisson, et l'une des plumes tombant à terre devient un arbre.

Dans la mythologie scandinave et germanique, le faucon est, en général, un oiseau de forme brillante, le préféré des héros et de la déesse Freya tandis que l'aigle est une forme obscure liée aux démons. Dans la *Chanson des Nibelungen,* Kriemhild voit en rêve son faucon bien-aimé étranglé par deux aigles.

Le plus puissant des dieux du panthéon védique, Indra, est le souverain universel, le roi sans partage de la création. Resplendissant comme le soleil levant, «on l'appelle l'ardent, l'ami de la libation [...], il est l'oiseau chanteur aux belles ailes et réside dans le ciel» (vers 46, hymne 1 du *Rigveda).*

Le faucon était l'insigne militaire d'Attila. D'après la tradition, Emesu, la mère d'Attila, juste avant d'être enceinte, vit en rêve un faucon qui lui prédit un avenir heureux. Dans *L'Illiade*, Athéna descend du ciel sous l'aspect d'un faucon lançant un cri perçant afin d'exciter Achille au combat. Le philosophe platonicien Porphyre (234-v. 305) lui attribue la faculté de prédire l'avenir après sa mort.

D'autres cultures encore ont rendu hommage au faucon : chez les Perses, les animaux tutélaires sont l'aigle, le faucon et le

Dans le rêve prémonitoire de Kriemhild se trouve résumée toute la *Chanson des Nibelungen :* «Kriemhild eut un songe : elle rêva qu'elle avait élevé un faucon, un bel oiseau fort et farouche, mais que deux aigles, sous ses yeux, le déchiraient dans leurs fers [...]. Elle raconta alors ce rêve à sa mère [...]. Le faucon que tu élèves, c'est un époux de noble lignage. Si Dieu ne daigne veiller sur lui, il te faudra de bonne heure le perdre» *(La Chanson des Nibelungen,* aventure 1).

dragon; à l'extrême nord du Pérou, le cimetière de Vicus livra, parmi les milliers de pièces de céramique datant pour les plus anciennes de 280 av. J.-C., un vase à étrier figurant un faucon.

Horus divinisé par les Egyptiens

L'Egypte antique a sacralisé bon nombre d'animaux. Concernant le dieu Horus, les spécialistes ont longtemps hésité entre l'épervier et le faucon; de fines études comparatives entre ces deux rapaces et les représentations d'Horus ont permis de pencher pour le faucon, et le *Papyrus Ebers* vient ajouter à ces constatations une remarque originale : «Autre recette pour empêcher un milan de dérober, fais tenir debout en terre un rameau d'acacia. Que la personne intéressée prononce ces paroles : "Horus-Faucon, un milan a dérobé dans la ville et dans le marais : il a soif du marais. Vole, cuis-le, mange-le." Dire ces paroles sur le rameau d'acacia, qu'on aura couvert d'offrandes alimentaires. C'est là le moyen d'empêcher un milan de dérober.»

Horus est fréquemment représenté en couleurs sur les parois des temples et des tombes, soit en entier sous la forme d'un oiseau, soit en partie sous la forme d'un dieu hiéracocéphale, c'est-à-dire à tête de faucon. Les qualités visuelles du faucon ont, dès cette époque, été remarquées : l'œil étant tout à fait typique, les Egyptiens en ont fait un signe de leur écriture, lequel est employé, dès la XVIIIe dynastie et peut-être même plus anciennement, pour exprimer le verbe «voir»; ils donnaient parfois au faucon le nom de «celui qui a la vue perçante»; enfin ils disaient des ennemis du pharaon, épouvantés à sa vue, qu'ils étaient «immobilisés, médusés comme des oiseaux devant le

Le nom d'Horus désigne plusieurs dieux. C'est à l'origine le dieu du ciel, sans doute le plus ancien dieu de l'Egypte. Dans la légende d'Osiris, il est identifié avec «Horus l'Enfant», le fils qu'Isis a eu de son époux Osiris, assassiné par son frère Set. Devenu adulte, le fils d'Isis entreprend la lutte contre son oncle Set et reconquiert son royaume, c'est-à-dire la souveraineté de l'Egypte. A ce titre, Horus est l'ancêtre de tous les pharaons comme l'indiquent les noms sous lesquels ces derniers sont souvent désignés : ainsi Chéops s'appelle l'Horus «puissant de cœur», Sésostris II l'Horus «conducteur de l'Egypte». Toujours à l'honneur aujourd'hui, Horus est sans doute la plus connue des divinités égyptiennes, dont s'est emparée la bande dessinée (ci-contre, page de droite, *La Foire aux Immortels* de Bilal).

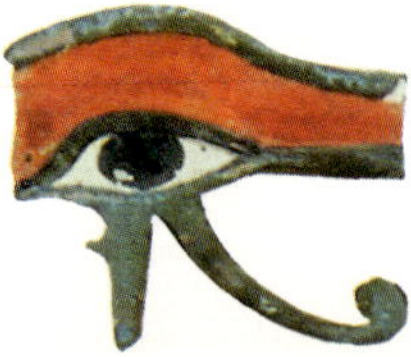

faucon». Horus est pour les Egyptiens à la fois le dernier dieu-roi et le prédécesseur du premier roi-homme; il est l'ancêtre de tous les pharaons; tous les rois d'Egypte, à son exemple, sont des faucons. Cependant, il possède aussi différentes attributions suivant les époques et les provinces : à Hiéracopolis – la ville du Faucon –, le faucon n'a encore rien de solaire, ni de céleste; il est divinisé en tant que prédateur sous l'apparence d'un faucon batailleur, devenant à ce titre l'allié de la royauté. En Haute-Egypte, à Edfou par exemple, le faucon est assimilé au ciel où il plane; il est donc un dieu céleste, et comme l'habitant du ciel est le soleil, le faucon est aussi un animal solaire. En Basse-Egypte, Horus avait encore d'autres fonctions, tel Sokaris, couché et gainé, gardien de la nécropole de Memphis, dieu des Morts et de la renaissance.

Une légende racontait qu'Horus, à la tête de nombreux compagnons, aurait délivré l'Egypte

Les dieux égyptiens se montrent parfois aux hommes sous la forme d'un animal réel et vivant. A Edfou, un faucon était choisi chaque année pour incarner, pendant douze mois, la divinité. Sur le mur intérieur du temple d'Horus, des reliefs figurent la fête dédiée à l'élection annuelle de ce nouveau faucon vivant, image d'Horus sur terre.

de la tyrannie de Set, le meurtrier d'Osiris. Il semble bien, en effet, qu'une tribu du Faucon, sans doute d'origine arabe, ait pénétré en Egypte à une époque très lointaine et que, refoulant au nord et au sud les populations déjà installées sur les rives du Nil, elle ait réussi à s'emparer d'un territoire et, peu à peu, à étendre sa domination sur tout le reste de l'Egypte. Ainsi, on disait communément pour désigner une époque extrêmement reculée «du temps d'Horus» ou plus souvent «du temps des compagnons d'Horus».

Le faucon sur le poing : symbole nobiliaire de la société médiévale

Le faucon est couramment figuré dans les représentations médiévales et modernes. De Saint Louis à Louis XIV enfant, on ne compte plus les «portraits au faucon» où l'oiseau apparaît porté sur le poing. C'est que l'oiseau sur la main signe la richesse et la haute position sociale du personnage mis en scène, homme ou femme, adulte ou enfant. Il est l'expression d'un groupe social, de sa culture, de son art de vivre. L'oiseau est l'occupation favorite des enfants nobles, le compagnon habituel du jeune aristocrate. Le goût pour cet art est compris d'ailleurs comme la marque d'une ascendance noble.

L'oiseau est omniprésent dans l'espace quotidien : installé sur sa perche, il fait partie du mobilier de la maison seigneuriale. S'en occuper, le nourrir est l'une des activités du noble quand ce dernier ne

Bien en principe inaliénable, comme le révèle la tapisserie de Bayeux, l'oiseau de chasse n'en est pas moins un objet de convoitise. Ainsi, «une querelle naquit entre Raymond, vicomte de Turenne, et un autre illustre personnage appelé Guillaume. A l'origine du conflit, un faucon du vicomte s'étant échappé, Guillaume s'en était emparé et plein de superbe, refusait de le rendre. Le vicomte [...] entra en guerre et annonça que si le faucon ne lui était pas rendu au plus vite, il ravagerait la totalité des terres dépendant du ravisseur» (*Vie de saint Etienne d'Obazine*, XIIe siècle).

guerroie pas ou ne chasse pas. «Toujours avec un faucon perché sur la main ou tenant un arc et des flèches», dit, du roi d'Angleterre Henri II Plantagenêt, un familier de la cour. L'art du vol fait partie de l'éducation chevaleresque.

Le faucon n'est pas un bien comme un autre. Depuis la période carolingienne, on ne peut donner son oiseau en rançon. Celui-ci, tout comme l'épée, appartenant au seigneur défait en champ clos, devait être respecté par le vainqueur et rester au vaincu. C'est le seul bien que Guillaume le Conquérant laisse à Harold battu à Hastings. Pourvu des qualités chevaleresques, le faucon est identifié au noble. On comprend alors que le noble dont l'oiseau était tombé aux mains de l'ennemi, ou tué, avait le sentiment d'avoir été lui-même pris. Philippe Auguste, débarquant à Saint-Jean-d'Acre, ne put jamais retrouver son faucon blanc. Volant sur les murs de la ville, l'oiseau fut pris par les Sarrasins qui l'offrirent au sultan malgré les mille écus d'or que leur proposaient les Francs pour le récupérer.

L'oiseau sur le poing est l'attribut nobiliaire de toutes les sociétés ayant pratiqué et privilégié la fauconnerie, en Occident comme en Orient et jusque dans l'Empire mongol. Cet attribut n'est cependant pas un apanage masculin. Il sert aussi à figurer la position sociale d'une femme.

Le faucon peut être symbole de beauté

Dans l'Occident médiéval, au XIIe siècle, avec le développement de l'amour courtois, l'oiseau de vol devient peu à peu l'image des qualités courtoises et de l'amour.

L'image des yeux du faucon entre dans la description de la beauté, féminine ou masculine. Les troubadours ont recherché les comparaisons avec le faucon mais aussi avec d'autres oiseaux de proie pour mettre en valeur certaines qualités telles la puissance, la rapidité. Ils ont également fait ressortir le côté rapace et cruel de l'oiseau et par ce fait même ont ainsi caractérisé les personnes mises en scène.

L'amour est comparé à un faucon qui saisit une proie en fondant sur elle avec rapidité. Pour évoquer la dame, ce sont les mœurs farouches de l'oiseau que le poète met en valeur. Ainsi, l'oiseau sauvage qui vient d'être pris au piège doit être traité avec beaucoup de douceur

Le faucon joue aussi le rôle du messager entre deux amants : quelquefois comme un confident envoyé pour transmettre l'amour d'un être désespéré, quelquefois comme porteur d'un message écrit à la manière des pigeons voyageurs.

et de patience. Un bon fauconnier le sait et ne manquera pas de le faire pour ne pas perdre toute chance de dresser l'oiseau. L'amant voulant conquérir l'amour de la dame doit, surtout si elle est jeune, «l'apprivoiser gentiment».

Le faucon, un messager des hommes

Le faucon est souvent chargé de communiquer des intentions bienveillantes. Les témoignages apparaissent en Europe vers la fin du XIIe siècle. C'est lui que l'on envoie pour prévenir d'une arrivée sans intentions belliqueuses. L'oiseau de vol et la fauconnerie sont ainsi associés aux relations pacifiques et à la concorde. On les oppose à la guerre, et le troubadour Bertran de Born a longuement insisté sur l'antinomie entre la volerie et les combats. Celle-ci n'exigeait aucune arme pour être pratiquée d'où l'inutilité de s'y adonner en attirail guerrier. Venir avec un faucon lorsqu'on était animé de mauvaises intentions était donc considéré comme un acte de traîtrise.

Au début de l'époque moderne, la fauconnerie donne à notre langage courant des expressions imagées

Le fin langage de la fauconnerie ne s'est pas confiné à dénommer avec précision l'art de la chasse, il a aussi inspiré la société des hommes qui, en certaines circonstances, se voyaient attribuer les qualificatifs donnés aux oiseaux. L'oiseau niais, sans expérience, s'est rapporté à l'homme un peu stupide; «avoir l'air hagard», c'est ressembler à l'oiseau effarouché par l'homme venant le capturer; en revanche, «avoir l'air débonnaire», c'est être serein comme l'oiseau capturé sur une bonne aire. Le chaperon, qui facilite son dressage et son transport, a donné le terme «chaperonner» une jeune fille, dont on guide les regards et les comportements. Le leurre, qui trompe

Donner un oiseau de chasse est toujours perçu comme un geste d'apaisement. De même, se faire précéder par un faucon signale des intentions pacifiques. Ainsi Yvain, «le chevalier au lion» de Chrétien de Troyes, fait-il avertir de sa venue par l'envoi d'un écuyer portant un faucon gruier.

On attribuait traditionnellement des vertus thérapeutiques au faucon. «Le fiel du faucon est médicinable pour les yeux car il aiguise la vue et ôte les taches et les ordures des yeux», selon l'encyclopédiste Barthélemy l'Anglais rapportant, au XIIIe siècle, une croyance héritée de l'Antiquité.

l'oiseau croyant se saisir d'une proie réelle, a donné l'expression «leurrer» quelqu'un. L'unité de nourriture des oiseaux de vol est appelée la «gorge», qui est chaude, donc plus excitante, lorsqu'elle est prise sur le gibier fraîchement attrapé; concernant certains événements, l'on pourra dire que des personnes en «font des gorges chaudes». Le vol d'amont du faucon se fait par une succession de paliers appelés «carrières»; le langage courant, s'en inspirant, a donné l'expression «faire carrière». Citons enfin «déciller un rêveur», c'est-à-dire à l'inverse de l'opération du cillage, lui ouvrir les yeux.

"On dompte, à la vérité, le naturel féroce de ces oiseaux, par la force de l'art et des privations : on leur fait acheter leur vie par des mouvements qu'on leur commande; [...] on les attache, on les garrotte, on les affuble, on les prive même de la lumière [...] mais ils servent par nécessité, par habitude et sans attachement; [...] l'individu seul est esclave, l'espèce est toujours libre, toujours également éloignée de l'empire de l'homme."

Buffon, *Histoire naturelle*, tome II

L'image du faucon aujourd'hui

En général, le rapace exprime de nos jours l'avidité et l'immoralité dans l'acquisition des richesses; ces caractères, loin d'être spécifiques au faucon, ne l'excluent pas cependant. Jugés cruels et nuisibles, ces oiseaux ont souffert d'une mauvaise réputation exprimée par les qualificatifs de «becs crochus» ou d'«assassins cruels et impitoyables».

Dans un monde industrialisé, fortement urbanisé, la faune et la flore ont maintes fois souffert de la pression humaine. Malgré tout, il subsiste en nous ce besoin d'intégration des valeurs de l'animalité. Les rapaces correspondent non seulement aux images de la puissance et de la beauté mais aussi à celles de la cruauté. Le faucon, quant à lui, bénéficiant de sa position de prédateur, semble épargné par ce côté négatif; du point de vue symbolique, l'image du faucon diffusée par la publicité s'attache surtout à son allure et, disons-le, à sa noblesse puisqu'il se retrouve associé à divers produits de qualité, voire de luxe, à telle marque de whisky ou de parfum. Seul ou porté sur le gant du fauconnier, il symbolise toujours un goût, un art. Le temps s'écoule, mais la fauconnerie demeurera cette subtile complicité de l'homme et du faucon.

Dieser Eisländer Falck
genant.
Kam von Ihro Mäjje den
marck im Nov: 1729. noch
thut dinst
Vor Milan, Reiger und

TÉMOIGNAGES ET DOCUMENTS

La longue dualité entre l'aigle et le faucon

« L'aigle est l'emblème du Romain et de l'Anglais qui combattent surtout pour étendre leur domination et qui s'attaquent avec bonheur aux races inférieures, aux espèces-victimes. Le faucon, chevalier intrépide, toujours armé pour la bonne cause, méprise ces triomphes faciles [...]. La supériorité de l'armée française sur la russe, l'anglaise, l'allemande, provient principalement de ce que son organisation repose sur les principes de la politique fauconienne, tandis que celle des autres est assise sur la politique aquilienne », raconte Toussenel au XIXe siècle. Mais, déjà au Moyen Age, le faucon s'opposait à l'aigle.

Quel est le roi des animaux ?

La victoire héraldique et emblématique du lion sur l'ours dans l'Occident des XIe et XIIIe siècles est un fait culturel important. C'est une victoire de la sensibilité romane (faut-il dire de la culture gréco-latine ?) sur la sensibilité germanique. C'est aussi le triomphe, tardif en ce domaine, de l'Europe chrétienne sur l'Europe « barbare ». La question du roi des animaux n'est cependant pas entièrement réglée pour autant. A partir du XIIe siècle, un autre animal s'oppose de plus en plus fréquemment au lion et lui conteste sa récente primauté : l'aigle.

Ici n'est pas le lieu de s'attarder sur la symbolique et la mythologie de l'aigle. Une littérature abondante leur a été consacrée. Ce qu'il faut mettre en valeur, c'est – contrairement à une idée répandue – la relative pauvreté du rôle de cet oiseau dans l'emblématique et dans l'insignologie germaniques du haut Moyen Age. L'aigle carolingienne, l'aigle que Charlemagne fait placer au sommet du palais d'Aix-la-Chapelle, est une aigle romaine et non pas allemande. A l'aigle, la civilisation germanique, et aussi la civilisation celte, préfèrent un autre oiseau de proie, le faucon, oiseau dont le graphisme s'apparente à celui du corbeau et dont le champ symbolique correspond davantage à un oiseau stéréotypé (le roi des oiseaux) plutôt qu'à une espèce déterminée. Par là même, aux environs de l'an mil, vers la fin de l'époque ottonienne, un glissement formel et sémantique peut s'opérer et faire fusionner le faucon germain et l'aigle romaine. L'oiseau des empereurs Staufen et de leurs successeurs (Frédéric Barberousse est le premier qui use de l'aigle sur sa bannière et dans son écu) est le produit de cette fusion. Fusion dans laquelle la part romaine semble d'ailleurs rester prépondérante, comme le prouve le nom de cette figure épigone (*aquila*), désormais vue de face et non plus de profil.

L'héraldique arrive au moment où cette évolution est consommée. Le faucon est rarissime dans les armoiries médiévales (il faudrait du reste enquêter sur cette rareté qui fait contraste avec la passion que la société courtoise a vouée à cet oiseau). L'aigle en revanche y est abondamment représenté. C'est dans le bestiaire du blason l'animal qui s'oppose au lion.

Statistiques et cartographie héraldiques (exercices difficiles) mettent bien en valeur le caractère antinomique des deux animaux : jusqu'au milieu du XIVe siècle, on observe que toutes les régions riches en aigles sont (relativement) pauvres en lions et réciproquement. A l'échelle de l'Occident, il n'y a qu'une exception : la Normandie (mais pour la période médiévale, quel que soit le problème envisagé, la Normandie est souvent un territoire d'exception).

Cette opposition/association de l'aigle et du lion vient de fort loin (pensons au thème du griffon). En héraldique, elle s'exprime d'abord dans les pays d'Empire. L'aigle est l'animal de l'empereur, de ses partisans, de ses « fonctionnaires » ; le lion est l'animal de ses adversaires. Aux XIIe et XIIIe siècles, les querelles entre Guelfes et Gibelins mettent particulièrement en exergue cette lutte politique et emblématique entre les deux animaux. Il est probable que la plupart des lions ducaux et comtaux (Saxe, Brabant, Hainaut, Flandre, Luxembourg, Limbourg, Palatinat, Souabe, Misnie, etc.) sont, à l'origine, des lions choisis pour souligner une opposition à la politique impériale. A la fin du XIIIe siècle encore, Otton IV, comte de Bourgogne, en révolte contre l'empereur, abandonne son écu à l'aigle pour un écu au lion.

Si, dans l'espace géographique, l'aigle est représenté partout (avec une prédilection pour l'Italie du Nord, la Suisse, la Savoie et l'Autriche, zones où le lion est moins fréquent qu'ailleurs), dans l'espace social en revanche, le déséquilibre est immense entre les armoiries nobles et les armoiries non nobles. L'aigle est même pratiquement absent de l'héraldique roturière (ce qui n'est nullement le cas du lion). C'est la figure la plus noble du blason, à la fois dans les faits et sous la plume des auteurs du XVe siècle. Plusieurs affirment que le lion ne peut commander à l'aigle, roi des airs. Deux hérauts d'armes au service de la maison de Lorraine vont même jusqu'à faire de l'alérion (le plus grand des aigles, selon les bestiaires) non seulement le roi des oiseaux, mais aussi le roi de tous les animaux. Au siècle suivant cette idée se répand, notamment dans les livres

d'emblèmes allemands et néerlandais.

En définitive, il est permis de se demander si cette solution – l'aigle roi des animaux – n'est pas celle qui satisfait tout le monde. Elle heurte moins la sensibilité germanique et les traditions mythologiques que la solution du lion. Remplacer l'ours par l'aigle est pour beaucoup plus acceptable que de le remplacer par le lion. Oiseau solitaire, impérial, bicéphale, l'aigle est l'image parfaite de la souveraineté. Au reste, tous les empires de l'époque moderne s'en souviendront et prendront l'aigle – et non pas le lion – comme figure emblématique.

L'ours n'était que le chef des animaux. Le lion en est devenu le roi. Mais il dut céder le pas devant l'aigle, le roi des rois.

Michel Pastourneau,
Figures et Couleurs,
éd. Le léopard d'or, 1987

La chasse au vol dans le monde arabe

« La science de la chasse est un vaste domaine et celui qui en possède les techniques est un homme supérieur », écrivait au XIIe siècle l'auteur arabe Ibn Mangli. La fauconnerie orientale, qui inspira celle de l'Occident, se pratique encore de nos jours, parfois, pour certains émirs, dans un formidable luxe.

La chasse au faucon existait chez les Arabes bien avant l'Islam

Les bédouins employaient couramment cette technique de chasse pour s'assurer une subsistance par ailleurs rare et difficile à trouver. Plus tard, surtout au contact des peuples de Mésopotamie, de Syrie, de Turquie et d'Egypte, la chasse au vol devint un sport princier. A l'heure actuelle, alors que cette pratique connaît un renouveau dans la péninsule Arabique et dans le golfe Arabo-Persique, les randonnées de chasse des rois, princes et émirs de la région sont impressionnantes et impliquent le déplacement dans des zones désertiques de plusieurs centaines de personnes munies de tout l'équipement moderne : véhicules et caravanes climatisés. Ces expéditions ont lieu en moyenne une fois par an, durant un mois.

Dans cette région du monde, c'est un rare privilège que d'accompagner les princes à la chasse, une marque d'honneur et un témoignage d'amitié. A la chasse, le prince ou l'émir oublie son titre et ses prérogatives, pour devenir un chasseur comme les autres. Assis en cercle à même le sable chaud, vingt, trente personnes, des plus humbles à celles qui occupent des postes à hautes responsabilités, partagent le même repas. Tous ont voix au chapitre, pour commenter la chasse, le comportement des hommes, des faucons et du gibier. Ils composent et récitent des poèmes sur les oiseaux et le désert.

Le propre de la chasse dans la péninsule Arabique tient à l'existence de vastes étendues désertiques, de larges vallées à la végétation chétive et rare, et non, comme en Europe, d'une nature luxuriante, où le gibier peut aisément se dissimuler dans les fourrés et profiter des accidents de terrain. C'est pourquoi, dans nos contrées, il faut recourir aux

Fauconniers dans le palais de l'émir à Abu Dhabi

Sur le terrain de chasse à Abu Dhabi

chiens de chasse pour lever la proie.

Les fauconniers arabes doivent faire preuve de beaucoup de perspicacité pour repérer les endroits où se trouve le gibier, le suivre à la trace, l'approcher, en utilisant avec astuce le terrain. Ils doivent connaître son comportement et être doués d'un sens de l'orientation infaillible. Une fois découverte, la future proie n'a plus guère de chance de s'échapper. Et si, après la première attaque, le gibier n'est pas paralysé, il n'a pas la ressource de s'enfuir pour chercher refuge au sol.

La capture

Pour capturer un oiseau de proie, le fauconnier cherche dans un premier temps à déceler des traces de serres sur le sable, des taches de sang et des résidus de viande autour des pierres. Lorsqu'il parvient à localiser l'endroit où se trouve le rapace, il creuse dans le sol un trou assez grand pour pouvoir s'y dissimuler assis. Le fauconnier lâche ensuite un pigeon attaché à un long fil et attend. Lorsque le faucon aperçoit le pigeon, il fonce sur lui, le tue et commence à le dévorer. C'est le moment que choisit le fauconnier pour manifester sa présence, ce qui a pour résultat de faire fuir le rapace. Le fauconnier gagne alors sa cachette et son assistant en obstrue l'entrée à l'aide de branchages, puis s'en va. De l'eau et des vivres y ont été préalablement déposés, car l'attente risque d'être longue. De sa cachette, le fauconnier tient l'extrémité du fil relié au pigeon mort et attend le retour du faucon.

Lorsque tout lui semble calme, le rapace revient en effet sur les lieux pour dévorer le pigeon auquel il a eu à peine le temps de goûter. Dès qu'il perçoit des secousses à l'autre bout du fil, le fauconnier commence avec une patience infinie à tirer le pigeon à lui jusqu'à ce que le faucon arrive au-dessus de sa tête. Il saisit alors l'oiseau par les serres, à travers les branches. Il sort ensuite de son trou et coiffe le faucon du chaperon en attendant de lui fixer les entraves aux pattes.

Mais les Arabes utilisent également, de nos jours, un procédé qui consiste à harnacher un pigeon d'un petit cache garni d'une multitude de boucles en fil de Nylon, puis à le lâcher, tout en le retenant par un fil. Lors de l'attaque, le faucon risque de s'entraver les serres dans les boucles ; il ne reste plus qu'à le capturer.

Le dressage

Les Arabes ne comptent que trente à quarante jours pour dresser un faucon. Au début, le faucon porte le chaperon en permanence et le fauconnier l'appelle toujours au moment de le nourrir, car il est important de le familiariser avec le son de sa voix. Puis il commence à le caresser tout en lui parlant pour l'habituer à son contact. Il recommence ensuite les mêmes opérations, sans le chaperon, pour, en fin de compte, parvenir à le faire rester sur son poing au milieu d'un groupe sans que l'oiseau s'effarouche.

Si les Arabes utilisent à peu de chose près les mêmes instruments que nous, ils n'ont pas nécessairement recours aux mêmes oiseaux de proie. Ils prisent deux sortes de faucons : le *horr* et le *chahine*.

Le *horr* se distingue par sa couleur rougeâtre, sa taille imposante, sa poitrine bombée, son long cou, ses cuisses pleines et musclées, ses courtes pattes, ses longues ailes en ciseaux, sa petite queue, ses serres épaisses et acérées, sa langue noire. Il présente un avantage très apprécié des chasseurs, celui de muer quelques semaines avant l'ouverture de la chasse, de sorte qu'il est au mieux de sa condition physique au moment opportun.

Le *chahine* est plus vif et moins patient que le *horr*, qui a plus d'endurance et parcourt de plus longues distances. Le *chahine*, en revanche, est plus rapide. Sa manœuvrabilité rend ses attaques redoutables. Il est plus difficile à dresser en raison de son caractère ombrageux. Par ailleurs, il est moins résistant et supporte mal la faim et la fatigue. Le *chahine* présente les caractéristiques suivantes : il est de couleur sombre tirant vers le noir ou encore noir de tête et de dos, mais sa poitrine est piquée de blanc.

On ne saurait parler de chasse au vol chez les Arabes sans évoquer le gibier préféré des fauconniers : l'outarde. C'est un oiseau de taille moyenne ; son plumage, aux divers tons de brun, présente souvent des zones blanches et noires, surtout chez les mâles. Les outardes vivent en terrain découvert, aride et même désertique. Leur course est rapide, mais leur vol plutôt lourd, et leur chair est réputée pour sa saveur. La nature a doté l'outarde d'une arme défensive contre les oiseaux de proie : elle cherche par toute sorte de manœuvres à placer le rapace dans l'axe de son bec pour projeter dans sa direction un liquide visqueux qu'elle garde en réserve dans une glande spéciale. Ce produit a pour effet immédiat de coller les plumes du faucon les unes aux autres et d'entraver son vol. Le faucon, qui connaît cette parade, manœuvre en passant dessous, dessus, puis de côté afin de susciter l'expulsion du dangereux liquide tout en évitant de le recevoir. Une fois cet objectif atteint, il se jette sans crainte sur l'outarde et la vole sans difficulté.

Schlegel H.,
Verster de Wulverhost J.-A.,
La Chasse au vol,
Lausanne Hachette Réalités, 1978

De ce qui est pour susciter l'hilarité des souverains

Lorsqu'on se propose de faire rire un souverain, il n'est que de duire au vol un sacre sur un mannequin fait à l'image de l'officier de cour sur lequel on a jeté son dévolu.

On raconte, pour exemple, qu'il y avait, au temps de Dubays ibn Mazyad, roi des Arabes dans le territoire de Hilla, un de ses ministres, nommé Ibn Tirâd ou, dit-on aussi, Tayyib, avec le surnom honorifique de Jamâl ad-Dîn, dont la charge était de verser leur solde aux gens de la maison du roi. Le corps des fauconniers de la cour comptait un certain Humayd, portant le sobriquet de *al-Mawâliyâ* « la rengaine », dont les gages incombaient audit ministre. Mais celui-ci, à chaque réclamation du fauconnier, éconduisait notre homme en le payant de bonnes paroles. A la fin, Humayd en eut assez et la colère le prit ; il choisit cinq sacres et les acharna sur un mannequin figurant le ministre Jamâl ad-Dîn jusqu'à ce qu'ils y fussent duits. Un jour que le ministre se trouvait, ainsi que le roi, sur l'hippodrome, Humayd s'approcha du souverain et lui demanda permission de jeter ses sacres sur son ministre ; le roi la lui accorda volontiers, histoire de rire un peu. Le fauconnier s'éloigna suffisamment et jeta de compagnie ses cinq oiseaux qui filèrent droit sur le ministre. L'un d'eux l'écuma, lui arrachant le turban de la tête, tandis qu'un autre l'agriffait à la nuque, le désarçonnant de sa mule. Le roi dit alors : « Seul Humayd ira le délivrer ! » et Humayd mit pied à terre près de sa victime qui se débattait avec un sacre pendu à chacun de ses membres. Jamâl ad-Dîn supplia le fauconnier de l'en débarrasser, lui promettant tout ce qu'il désirerait ; l'autre s'exécuta sur l'heure. De retour en sa demeure, le ministre fit parvenir au roi sa demande de le relever de ses fonctions, mais le souverain déclina sa requête, ajoutant : « Si c'est la personne de Humayd que tu veux, fais de lui ce qu'il te plaira ! » Mais le demandeur refusa cette offre de vengeance et fit, même, mander Humayd à qui il remit l'arriéré de son dû, y ajoutant la mule et cinquante dinars. « Tu en recevras autant, chaque année, de ma main, lui dit-il. Le roi m'a

livré ta personne, mais il ne lui est permis d'user de ce droit que sur les secrétaires relevant du ministère, le chef des cuisines et la pègre. »

Ce procédé dont usa le fauconnier Humayd n'a rien de condamnable et bon nombre, comme lui, l'ont employé en présence de souverains, tels les maîtres de Mossoul ; on fait de même à Baghdâd et dans les pays persans et cela est courant, chez les princes, à titre de divertissement. Toutefois, on devra couvrir, pour les protéger des clefs, la tête et le cou de celui sur lequel on jette les sacres et, s'il tombe, il doit le faire en restant face contre terre pour se garantir les yeux.

Le regretté *akhî* Sayf ad-Dîn Timurbughâ al-Ahmadî (qu'Allah le couvre de Sa miséricorde !) m'a raconté qu'au pays des Tatars il y a des affaiteurs qui duisent leurs oiseaux de vol sur n'importe quel animal de leur choix, comme les cervidés et autres. Lui ayant demandé quelle méthode ils suivent, il me répondit qu'ils les acharnent sur les yeux d'un individu captif de l'espèce de grand gibier choisie et ce, en lui fixant des bécades aux paupières.

Ibn Mangli,
De la chasse,
traduit par François Viré,
édition Sindbad, 1984

O oiseau du pays de Houran*, aux pattes fines et aux longues serres,
Je t'ai choisi avec bonheur et je t'ai payé un bon prix.
Ta couleur est belle entre toutes et tu as conquis mon admiration.
Ta parure est parfaite, les initiés te trouvent sans défaut.
Ta poitrine touffue garde bien son secret et tes yeux luisent comme des braises.
Ton dos et tes flancs sont prestigieux et tes épaules magnifiques.
Tes pattes sont courtes, ton corps plein, et les plumes de tes jambes sont lisses et drues.
Lorsque tu aperçois une proie, beau faucon, tu te précipites sur elle comme un fidèle à la prière,
Et même si le gibier est impressionnant, que son plumage est fourni,
Ta serre droite s'enfonce dans sa chair, le déséquilibre et entrave son vol,
Tu le frappes et tu éparpilles ses plumes dans le ciel, puis tu saisis sa cervelle de tes serres crochues.
Je te vois avec admiration poursuivre les oiseaux, qui se lèvent à ton approche, affolés,
Je les aperçois fuyant comme un troupeau, tant leur frayeur est grande,
Car ils connaissent ta force, ta rapidité et ton expérience.
Et le bruit de tes ailes dans le vent évoque la chute d'une pierre dans un puits.
Lorsque tu reviens à moi vainqueur et satisfait, je te porte au poing sans fatigue aucune,
Je te confie à Dieu pour qu'il te préserve des envieux et de ceux qui donnent le mauvais œil,
Et je prie notre Seigneur le Prophète de Dieu autant de fois qu'il y a de gouttes de pluie et autant de fois qu'il y a de grains de sable.

Ibn Mangli,
Schlegel H.,
Verster de Wulverhost J.-A.,
La Chasse au vol,

*Région montagneuse de Syrie.

Les voleries : quand les fauconniers parlent des rapaces

Chouettes, milans, faucons, aigles, vautours sont, tour à tour, présentés au grand public, sur le poing ou en vol. Il existe cinq centres de ce genre en France actuellement. A Courzieu, près de Lyon, un aiglier nous explique l'entraînement de son oiseau de bas vol...

Dresseur d'aigle

Au cœur des monts du Lyonnais, le parc animalier de Courzieu permet aux visiteurs d'assister à un événement rare et insolite : la chasse à l'aigle. Flicka, superbe aigle royal femelle n'a pas son pareil pour chasser le lièvre, au vol.

Flicka a plongé brusquement. Au sol, le lièvre ne l'a pas aperçue. Sauf au dernier moment. Déjà, les griffes l'enserrent, le clouent au sol. L'oiseau couvre sa proie. Le maître, Jean-Pierre Vidal, accourt. Le grand aigle royal aura sa récompense : un petit morceau de viande. Puis, il repartira en chasse, lancé par son aiglier.

C'est dans la région de Lyon que perdure cette chasse à l'aigle, l'une des rares qui ait encore lieu en Europe. Jean-Pierre Vidal, directeur du parc animalier de Courzieu (Rhône), est l'un des derniers aigliers de France. Son rapace préféré, Flicka est un aigle royal femelle d'environ 2,30 mètres d'envergure pour un poids de 6 kg. La complicité entre l'animal et le maître est parfaite. La chasse se déroule comme un ballet bien réglé.

« Lorsqu'un fauconnier me voit porter mon aigle sans gant, le poing nu, il n'en croit pas ses yeux », assure Jean-Pierre Vidal. Mais il existe entre eux des liens d'amitié. L'aigle est un animal fascinant. Mais c'est aussi un rapace émotif, anxieux et qui a besoin d'affection. Avec lui s'établissent des liens de complicité cent fois plus importants qu'avec les autres rapaces. Pour « affaiter » Flicka, c'est-à-dire la dresser à la chasse tout en la familiarisant avec l'être humain, près de huit cents heures de travail, de soins, d'attentions ont été nécessaires. L'affaitage demande de l'expérience, de la patience et de la psychologie.

Patience et psychologie

Le rôle de l'aiglier consiste à inciter, encourager et puis récompenser le rapace (en termes de fauconnerie, on dit « faire courtoisie »). Aucun moyen de coercition (de contrainte) sur l'oiseau n'existe et le travail n'est jamais définitivement achevé. Chaque jour, l'aigle subit une heure d'entraînement. Et cela pendant toute son existence. Il faut le porter, l'alimenter sur le poing pour lui faire perdre sa peur congénitale de l'homme. Ensuite seulement, on pourra l'entraîner à exécuter des « réclames » (des rappels) pour que l'oiseau revienne se poser sur le poing.

Il faut aussi de longs mois de musculation pour que l'aigle apprivoisé devienne un athlète aussi performant que l'aigle sauvage. « Nous utilisons la méthode des Kirghizes, une tribu d'Asie centrale où l'on trouve encore des aigliers spécialisés dans la chasse au loup, explique Jean-Pierre Vidal. Ils traînent une peau de renard derrière un cheval. L'aigle vole bas au-dessus du simulacre de proie ou bien reste au poing de son maître, en suivant le gibier ». Avant de passer à la chasse proprement dite, il faut « crénecer » l'oiseau, c'est-à-dire lui apprendre à reconnaître un gibier : lièvre, renard, chevreuil, etc. Pour cela, l'aigle est d'abord lancé à l'attaque d'un gibier d'élevage. Lorsqu'il a assuré sa prise, on le récompense.

Pour qu'un aigle chasse, il est indispensable qu'il soit affamé, car le rapace ne travaille que pour se nourrir. Il faut donc mettre l'oiseau au régime. On détermine d'abord son poids de mue, le poids qu'il atteindra à l'âge adulte. Ensuite, on lui fait perdre 15 % de ce poids. On obtient ce qu'on appelle le « poids de vol ».

Un redoutable tueur

L'oiseau devient alors un redoutable tueur. Ce « poids de vol » va conditionner les habitudes de l'oiseau.

Et l'art de l'aiglier consistera à discerner ce poids idéal, de telle sorte que l'oiseau revienne s'alimenter sur le poing sans difficulté et sans être affaibli par le jeûne. L'aiglier peut chasser en individuel ou en ligne, avec plusieurs chasseurs. L'aigle a besoin de grands espaces. Il n'attaque sa proie qu'à 300 mètres de distance, la survole et fond sur elle dans un piqué redoutable.

Si le gibier piégé ne bouge plus, l'aigle se contente de le maintenir entre ses serres puissantes. Mais s'il essaie de se débattre, il sera « buffeté » (assommé) d'un coup de patte avant d'être « lié » (bloqué) par les griffes.

Lorsqu'il chasse, l'aigle ne gagne pas à tous les coups. Parfois, malgré sa vue perçante, il peut faire sept attaques sur des gibiers différents avant de réaliser une prise. Le lièvre, par exemple est très difficile à attraper. Au moment où l'aigle fond sur lui, il fait un brusque saut en arrière et repart dans l'autre sens.

« Lorsque l'oiseau rate sa prise, explique Jean-Pierre Vidal, il reste comme tétanisé au sol, les griffes contractées sur l'herbe qu'il serre comme si c'était sa victime. » La fauconnerie est une ancienne tradition de la chasse française. Après avoir connu son apogée sous Louis XIII, une omission au Journal officiel, en 1948, avait entraîné son abolition de principe. Elle ne fut rétablie officiellement qu'en 1954. En France, il existe aujourd'hui trois clubs de fauconnerie qui regroupent deux cent soixante adhérents, dont quatre-vingts pratiquent régulièrement ce sport. Mais pour les

fauconniers, la chasse à l'aigle relève du folklore, de la gageure. Jean-Pierre Vidal est l'un des seuls à maintenir ce qu'il appelle une « tradition culturelle » pour le sport et la beauté du vol de l'oiseau : la prise du gibier n'étant qu'un élément accessoire.

Tradition culturelle

« La fauconnerie, dit Jean-Pierre Vidal, est menacée par l'ignorance et le manque de tolérance de certaines personnes. La disparition de grands territoires adaptés au vol et la

raréfaction du gibier sauvage, remplacé par du gibier d'élevage, n'ont fait qu'accentuer le problème. Etre aiglier exige des contraintes incompatibles avec notre société actuelle. Nous ne sommes plus au temps du désairage ou de la capture de l'animal dans la nature. Le ministère de l'Environnement a mis au point une législation pour l'obtention, le transport et l'utilisation du rapace pour la chasse au vol. Un fauconnier ne doit utiliser son oiseau qu'à des fins de chasse. Il n'y a pas de domestication. »

Cependant, à cause de la rareté des oiseaux et pour éviter la disparition de la race, des centres de reproduction aux techniques d'élevage perfectionnées ont vu le jour.

Jean-Pierre Vidal qui exerce le métier d'aiglier depuis trois ans, s'approvisionne en rapaces dans un élevage de Bavière (Allemagne fédérale) considéré comme le plus grand centre de reproduction d'Europe.

Il possède cinq aigles royaux. Tous aussi « performants » que Flicka.

Patrick Allard,
in Sciences & nature, n° 57, juin 1988

La reproduction des faucons en captivité

Renonçant à tout désairage à partir de 1978, l'Association nationale des fauconniers et autoursiers de France se voyait dans la nécessité de créer un élevage de rapaces pour continuer à pratiquer la chasse au vol. Par ailleurs, se mettait en place le projet « pèlerin » destiné à réintroduire dans la nature des oiseaux élevés en captivité.

Faucon pèlerin : le salut d'un rapace

L'alerte a été donnée en 1965 par Ratcliff en Grande-Bretagne et par Hickley aux Etats-Unis, où les pèlerins cessaient de se reproduire puis disparaissaient. Responsables : les pesticides organochlorés répandus à outrance. Ces produits toxiques s'accumulent et se concentrent dans les graisses au long des chaînes alimentaires. De la plante à l'insecte, puis de l'insecte au rongeur ou au passereau, et enfin au rapace. A chaque maillon de cette chaîne, la dose contenue dans l'organisme est multipliée par dix. A forte concentration, le système nerveux est attaqué. Chez le pèlerin, les mécanismes hormonaux sont perturbés. Les œufs ont une coquille cassante, ou produisent des embryons non viables. Quant aux adultes, les plus contaminés périssent un à un. Dans les falaises, la vie s'étiole en silence. Dans le Jura, peu pollué, les pesticides ne sont pas seuls en cause. Les quelques couples survivants font des petits. Puis, subitement, l'aire se vide. Les trafiquants sont venus dénicher pour des fauconniers sans scrupule qui vendent aux riches amateurs du Moyen-Orient. Et les rares jeunes qui parviennent à l'envol disparaissent aussi, exterminés par les chasseurs. Poison, trafic et chasse se conjuguent. Mais autour de Monneret, la parade s'organise : des bénévoles surveillent attentivement ses aires depuis la ponte jusqu'à l'envol. En 1968, le groupe des Jeunes Naturalistes, les gardes fédéraux et les Eaux et Forêts apportent leur concours. Alors, certains couples réputés stériles ont de nouveau des petits. Hélas, après une courte période

Jeunes faucons pèlerins élevés en captivité

de stabilisation, la population de pèlerins décroît de nouveau en 1972. Un matin de printemps, en 1973, Monneret tente une ultime expérience. La brume baigne encore la vallée. Falaise au nord, cachée dans l'ombre. Soudain un pèlerin décolle et ses cris puissants (« khé-khé-khé ») vont se répercuter contre les rochers. Il a repéré Monneret qui descend tout doucement au bout d'une corde le long de la paroi pour ramasser les pontes de deux couples qui pondent encore mais sont inféconds depuis quatre ans au moins. Les couples dénichés pondent de nouveau quinze jours plus tard : Monneret, souvent contesté par des scientifiques, prouve ainsi d'abord le principe de la double ponte. Mieux encore, les œufs des secondes couvées donnent quelques jeunes. Ils semblent donc moins contaminés que la première couvée, qui a « absorbé » l'essentiel des pesticides contenus dans le corps de la femelle. Encore une découverte.

Pour Monneret, ce n'est qu'une étape : il va constituer une souche de reproducteurs en captivité dont les descendants seront réintroduits dans la nature. C'est le projet « pèlerin ». En mars 1975, avec l'appui du Fonds d'intervention pour les rapaces, de la Ligue pour la protection des oiseaux et du ministère de l'Environnement, Monneret déniche une quinzaine d'œufs qu'il place en incubateur dans sa maison d'Arlay. Deux ans plus tard, trois mâles et deux femelles arrivent à l'âge adulte. La deuxième phase peut commencer. Au début de mars, c'est

l'angoisse chez Monneret : la période de reproduction est arrivée, mais les farouches pèlerins ne s'accouplent pas en captivité. Il faut donc un intermédiaire : l'inséminateur. Fermement emmailloté, le faucon mâle n'apprécie guère l'exercice. Après quelques massages délicats, le sperme du faucon monte dans un tube capillaire. L'opération est répétée quatre fois, puis l'oiseau est ramené en volière tandis que Monneret observe les spermatozoïdes au microscope : « Pas brillant, ils dorment. Dans l'autre capillaire, ils bougent : des boute-en-train, ceux-là. » Il faut faire vite, car le sperme d'oiseau ne se congèle pas. Elle aussi fermement maintenue, une femelle entre en scène. Opération inverse : à travers les plumes, l'oviducte apparaît. Doucement, Monneret introduit sa seringue et injecte le sperme. La femelle ne proteste pas. La séance terminée, elle se remplume avec indignation. Le procédé manque de délicatesse, mais n'est-il pas préférable à l'insémination sous anesthésie, qui tue entre 5 et 10 % des oiseaux ? Certains fauconniers n'hésitent pas à pratiquer des interventions chirurgicales pour reconnaître le sexe des oiseaux ! Après un ou deux jours, la femelle fécondée pond un œuf. Puis elle est inséminée de nouveau avant la ponte du deuxième œuf et ainsi de suite.

Pour augmenter les chances de succès, Monneret prélève régulièrement les œufs obtenus. Et, régulièrement, les femelles continuent de pondre, donnant ainsi de dix à douze œufs (contre trois ou quatre dans la nature). Ensuite les pontes sont confiées aux incubateurs ou aux femelles les plus aptes. Trente-trois jours plus tard, les fauconneaux émergent. Transformé en crèche, le laboratoire résonne des cris des nouveau-nés affamés. On les gave de cous de poulet et d'antibiotiques. On ne pleure pas les antiseptiques ni les lampes chauffantes : le faucon sauvage doit pousser comme un poulet de concours. Les jeunes faucons ne pèsent que trente-quatre grammes à l'éclosion. Mais ils réclament leur ration quatre fois par jour. « Tchock-tchock-tchock », caquette Monneret, imitant le cri de la mère. Une tête se dresse, portée par un cou vacillant. « Tchock-tchock-tchock » : le bec s'ouvre, la pince à épiler introduit un morceau de viande. Rassasié, le poussin s'effondre, le jabot bourré. Après une semaine, les jeunes sont confiés à des mères adoptives. Ainsi, on évite l'« imprégnation humaine » et les oiseaux se familiarisent avec leurs futurs compagnons sauvages.

Dix ans ont passé. Pour Monneret, c'est la routine : il entre dans la volière en protégeant sa tête sous son bras. La porte à peine refermée, la femelle l'attaque. Le temps de prendre un jeune, et Monneret s'échappe en courant. Ouf ! Pour le poussin âgé de vingt-cinq jours, l'heure du départ est venue. Bec ouvert, serres prêtes à frapper, il se défend comme un diable. « Bon signe », assure l'éleveur : bien que né par insémination artificielle, nourri par l'homme, puis par une mère adoptive, il est bon pour la liberté. En guise de dot, le jeune faucon reçoit à la patte une bague d'identification. En une heure de voiture, Monneret accède à une « falaise à pèlerins ». Furieuse de cette intrusion, une femelle pousse des cris d'orfraie. Arrivé sur un replat, Monneret dépose le poussin, qui rejoint aussitôt les deux jeunes blottis dans le fond de l'aire. Le nouvel arrivant remplacera leur frère, récemment mort en tombant dans le vide.

C'est la dernière étape du projet « pèlerin » : l'adoption. Un instant crucial. « Elle tourne, elle tourne, c'est bon, elle revient ! » Perché dans la falaise en face, Monneret commente la scène. La femelle s'est posée. Encore choquée, elle s'approche des jeunes et, brusquement, s'envole. Loin sur la vallée, le mâle arrive, portant une proie. La femelle vole à sa rencontre, saisit le ravitaillement et revient à l'aire. Les trois jeunes s'avancent, et chacun reçoit sa part. Le petit nouveau est adopté. Ainsi, depuis 1975, Monneret a réintroduit une vingtaine de jeunes pèlerins dans les falaises. De plus, une trentaine de poussins issus de doubles pontes provoquées ont vu le jour grâce à lui. Enfin, il faut ajouter les faucons que les trafiquants n'ont pu « désairer ». La population jurassienne de pèlerins est ainsi remontée de trente à cent couples entre 1968 et 1985. *Monneret* ne s'endort pas sur ses lauriers. *Dès 1984, et pour la première fois en France, il a tenté une autre expérience : réintroduire des pèlerins en ville.* Une volière a été installée sur les pensionnaires provenant de son élevage. Après quelques jours d'adaptation, un mâle est libéré. Aussitôt attaqué par les choucas, les pics et les martinets, il a été récupéré deux jours plus tard dans une cour d'école, affamé et terrorisé. En juin 1985, l'expérience a été renouvelée. Une jeune femelle s'est électrocutée sur des fils. Puis un mâle et deux autres ont été lâchés. Enfin, le succès. Les oiseaux tournent autour de la citadelle mais reviennent manger à l'« aire », où une main discrète distribue chaque jour leur ration. Enfin ils s'émancipent et apprennent à chasser. Sur le vieux Besançon planent aujourd'hui des ailes toutes neuves.

Georges Dif,
in Géo, n° 80, octobre 1985

La fauconnerie et les aéroports...

ou l'alliance insolite d'une technique ancestrale et d'une technologie de pointe. Afin de limiter les risques de collision entre les oiseaux et les avions, la fauconnerie est parfois employée sur les aéroports. En 1985, l'expérience a été tentée à Roissy.

Œil de faucon veille sur Roissy

Circulez, les pigeons, les étourneaux et les mouettes. Il n'y a rien à voler. Pourquoi aiment-ils tellement les aéroports ? C'est que les hommes ne vont pas sur les pistes. En revanche, on y trouve des vers de terre. Mais les avions qui atterrissent ou qui décollent risquent d'avoir un réacteur endommagé par une collision avec un oiseau. C'est ainsi qu'en une seule année, Air Inter a dépensé 9 millions de francs en réparations. Voilà pourquoi une équipe vient de s'installer à Roissy avec des faucons chargés de chasser les intrus.

Tous les matins, sitôt levé, Patrick Paillat se plante dans la froidure, sur le seuil du baraquement qu'il occupe avec ses deux assistants et ses quatorze faucons au cœur de l'aéroport de Roissy. La nuit enveloppe encore les trois mille hectares où, quotidiennement, quatre cents appareils se posent ou décollent.

Six heures, c'est l'heure tranquille. Le temps d'avaler un café, de s'équiper, et Patrick Paillat embarque dans le 4 × 4 tout terrain à bord duquel il va explorer les pistes et les immenses terre-pleins engazonnés ou cultivés où se tapissent les squatters de la nature. – Parce qu'on l'ignore le plus souvent, les milliers d'hectares d'un aérodrome comme Roissy sont, pour les lapins, les campagnols, les oiseaux migrateurs ou non, une formidable réserve protégée. L'homme ne s'y hasarde pas. Les avions ? peu importe aux animaux. On voit des perdrix couver en bord de piste, le plumage à peine froissé par le tourbillon d'air des réacteurs.

Autour de Patrick Paillat et des employés du bureau de piste chargés de l'entretien et de la surveillance, chaque dalle de ciment est examinée, chaque balise auscultée. Dans la grisaille du

jour levant, on devine comme un frémissement de vie. Patrick et ses compagnons scrutent les pistes. Un lapin, un oiseau, peut avoir été tué, cette nuit, par un avion. On observe aussi les pelouses, les cultures.

Parce que la quasi-totalité des aérodromes sont partiellement cultivés : pour rentabiliser les terrains, les chambres de commerce qui gèrent les installations louent aux paysans les hectares dont les avions n'ont pas besoin. C'est là qu'intervient le Service technique de la navigation aérienne, et plus précisément J.-L. Briot, le biologiste du service, et ses collègues. Après études, ceux-ci ont déterminé ce qui était bon à semer : maïs, betterave, pomme de terre, avoine... Sont exclus de la « culture aérienne » le blé et le trèfle.

« Ils attirent les oiseaux qui, après la moisson, s'abattent sur les champs pour chercher les grains épars. De même pour le trèfle dont se régalent nombre d'espèces... »

A force d'études, le service de M. Briot à également conclu à l'interdiction de la coupe rase des herbes qui incitait les oiseaux à se poser pour une quête aux vers de terre...

Ah, ces vers de terre !... Amoureux d'une étoile, c'est bien connu, ces amants obstinés se hasardent la nuit hors de leur demeure et, parfois, leur errance les conduits sur le ciment de la piste.

« Maintenant, imaginez qu'une mouette, un goéland, ou tout autre oiseau connaisseur, passe par là. Il pique vers le sol, se pose, et déguste tranquillement notre amoureux... tandis qu'un gros Boeing, avec ses réacteurs rugissants, prend son élan pour rallier d'un coup d'aile l'autre bout du monde. Et hop ! Horrible drame ! Voici notre mouette ou notre goéland avalé par l'un des réacteurs. »

Apprenez maintenant qu'un oiseau d'une livre heurtant un avion roulant déjà à 400 km/h possède la force d'impact de deux tonnes.

De quoi faire de sacrés dégâts. Certes depuis que les avions volent – et particulièrement les réacteurs – les experts ont obtenu des constructeurs le renforcement de tous les points susceptibles d'être endommagés en l'air, mais notre mouette ou notre goéland vont fausser une des aubes du réacteur.. Bref, pour ne prendre qu'un seul exemple, en un an, la compagnie Air Inter a dépensé 9 millions de francs en réparations de réacteurs, sans compter les perturbations provoquées par ces accidents dans le trafic aérien. Au total, depuis soixante-dix ans, on a enregistré la destruction de trente-quatre avions civils à la suite de chocs avec des oiseaux.

L'armée de l'air utilise déjà des fauconniers à Istres et à Strasbourg

Pour éliminer ces risques de collisions, le Service technique de l'aviation civile à usé de tous les moyens offerts par la science, depuis l'élimination des cultures attractives, la suppression des zones humides, et même la construction de canivaux « anti-ver de terre », caniveaux qui interdisent à ces amoureux de parvenir sur les pistes. Il s'agit d'un tuyau ouvert au sommet. Le ver de terre y tombe et ne peut plus en sortir.

On a aussi mis en place des moyens pyrotechniques, c'est-à-dire des tirs de cartouches spéciales inoffensives (« Nous ne sommes pas des massacreurs », précise J.-L. Briot), qui détonent au milieu des bandes d'oiseaux et les dispersent. L'enregistrement des cris de détresse diffusé par voiture ou haut-parleur placés en bord de piste est aussi utilisé.

Enfin, dernière-née de la technique, la fauconnerie. Soyons justes, de nombreuses expériences ont été menées à l'étranger, et l'armée de l'air française utilise déjà des fauconniers sur les bases aériennes d'Istres et de Strasbourg. Les résultats – 70 % de diminution des rencontres avec les vanneaux, à l'origine du problème sur ces bases – ont été satisfaisants.

Au cours de l'année 1983, un autre essai de fauconnerie sur l'aérodrome civil de Toulouse-Blagnac a donné des résultats également positifs. C'est en fonction de l'expérience de Toulouse que la même équipe s'est installée à Roissy.

Directeur artistique dans le civil, Patrick Paillat, un grand type qui, la trentaine passée, se passionne depuis plus de quinze ans pour la fauconnerie, travaille en étroite collaboration avec la volerie des Aigles de Kintzheim. Renonçant à ses activités habituelles, il a pris un congé sabbatique d'un an, pour se consacrer à l'expérience des faucons et autours, considérés comme agents de sécurité.

« Pour le moment, nous étudions surtout le terrain, dit-il. Il faut que nos quatre faucons pèlerins, nos trois autours et nos onze gerfauts apprennent à chasser les espèces qui logent à Roissy, qu'ils se familiarisent avec le terrain. Tout cela prend du temps. Nous avons dénombré environ quatre cents perdrix à Roissy, deux à trois mille vanneaux huppés, trois cents corbeaux... Sans compter les ramiers qui viennent parfois de Paris. Encore que ces derniers fréquentent plutôt Orly, plus proche de la ville où ils nichent. Regardez le matin, si vous vous trouvez sur l'autoroute du Sud, ils volent par bande de trente ou quarante comme de bons petits gars qui iraient gagner leur casse-graine en banlieue... »

Maintenant, le jour s'est levé. Dans un des vastes terrains qui s'étend entre deux pistes, Patrick Paillat repère une bande d'étourneaux.

« Il y en a plus de vingt mille, installés comme dans un dortoir, dans les buissons qui bordent l'autoroute », précise-t-il.

Retour au baraquement. Quotidiennement, Patrick couvre quelque cent kilomètres dans l'enceinte de l'aérodrome. Il faut s'occuper des pensionnaires. Un travail de haute précision. Tous les jours, les autours sont pesés avec une balance électronique. Cela permet de juger de leur forme physique, et aussi de les nourrir en fonction des efforts qu'on attend d'eux. Ce sont des oiseaux qui ne peuvent faire que deux ou trois vols dans la journée.

« En vérité, explique Patrick, nous “roulons” avec deux équipes de faucons, une du matin, une de l'après-midi. Parce qu'il est évident qu'un faucon qu'on vient de nourrir n'est plus motivé pour la chasse. »

Pierre Castex,
in VSD, novembre 1985

Le faucon pèlerin

« Je passai dix hivers à guetter l'incomparable splendeur, la passion et la violence que déploie le faucon pèlerin en jaillissant du ciel, ancre mordant les nuages, arbalète lancée en l'air. L'œil ne se lasse pas du spectacle que sont les oiseaux de proie. Il s'y accroche dès le premier instant avec une fureur extatique, comme l'œil du rapace oscille et se dilate à la vue de l'alléchante nourriture que sont les mouettes et les pigeons. »

Le plus dur, c'est de voir la réalité

Dans les livres consacrés aux oiseaux, on trouve des images représentant des faucons pèlerins, accompagnées de légendes riches en commentaires. Impressionnant et solitaire sur la blancheur immaculée d'une page, le faucon vous regarde, fier, statuesque, le plumage éclatant. Mais cet oiseau-là, vous ne le reverrez jamais après avoir refermé le livre. Comparée à l'image immobile et accessible, la réalité vous paraîtra morne et décevante. L'oiseau vivant ne sera jamais aussi royal, aussi éclatant. Il se cachera au fond du paysage, toujours plus loin, toujours sur le point d'échapper à vos regards. Les images ne sont que figures de cire à côté de la mobilité passionnée de l'oiseau vivant.

La femelle du faucon pèlerin, appelée sacre, mesure quarante-six à cinquante-deux centimètres, à peu près la longueur d'un bras d'homme, du coude au bout des doigts. Le mâle, ou tiercelet, mesure six ou sept centimètres de moins. Le poids aussi est variable : la femelle pèse une livre trois quarts à deux livres et demie, le mâle une livre un quart à une livre trois quarts. Tout varie chez le pèlerin : la couleur, la taille, le poids, la personnalité, la manière de voler ; tout.

L'oiseau adulte a le manteau bleu, bleu-noir ou gris ; le dessous est blanc cassé, rayé diagonalement de gris. Dans leur première année, et souvent aussi durant la deuxième, les fauconneaux ont le manteau brun et la gorge beige clair rayé de brun. Le brun s'échelonne entre le roux du renard et le bistre, le beige va du crème pâle au jaune paille. Les fauconneaux naissent entre les mois d'avril et de juillet. Ils ne mueront pas avant le mois de mars de l'année

suivante ; nombreux sont ceux qui ne muent pas avant un an. Certains gardent leur plumage brun pendant tout leur deuxième hiver, mais on y discerne déjà quelques plumes « adultes » dès le mois de janvier. La durée de la mue est généralement de six mois. La chaleur l'accélère, le froid la retarde. Le faucon pèlerin ne se reproduit pas avant l'âge de deux ans, mais des oiseaux qui n'ont qu'un an peuvent déjà choisir leur aire et défendre leur territoire.

Le faucon pèlerin est bâti pour chasser et tuer des oiseaux en plein vol

Son corps est fuselé. Sa tête arrondie et son large thorax s'effilent jusqu'à la queue qui est étroite et triangulaire. Ses ailes sont longues et pointues ; les rémiges primaires longues et fines pour lui permettre de voler vite, les rémiges secondaires longues et larges pour qu'il puisse voler haut et porter les proies les plus lourdes. Le bec crochu est fait pour décharner les os. Il a une dent au maxillaire supérieur, à la mesure de l'entaille que porte la mandibule. Cette dent peut être plantée entre les vertèbres cervicales d'un oiseau et, à force de serrer et de tordre, le pèlerin finira par lui briser la colonne vertébrale. Les pattes sont épaisses et musclées, les doigts longs et puissants. Ils ont des pelotes bombées qui aident à

mieux saisir la proie. Le doigt qui tue, placé à l'arrière, est le plus long des quatre, il peut à lui seul abattre un oiseau. Les larges pectoraux confèrent au vol sa vigueur et sa résistance. Le duvet sombre qui cerne les yeux capte la lumière et empêche l'éblouissement. Le dessin facial, tout en contrastes, brun et blanc, a sans doute aussi sa raison d'être. D'une certaine manière, il peut ternir l'éclat des grands yeux lumineux.

La vitesse du coup d'aile du pèlerin a été enregistrée : 4,4 coups par seconde. Voici quelques autres exemples : 4,3 pour le choucas, 4,2 pour la corneille, 4,8 pour le vanneau, 5,2 pour le pigeon ramier. Le vol plané du faucon ressemble le plus à celui du ramier, mais les ailes du premier sont plus longues et plus souples que celles du second et elles se recourbent plus haut au-dessus du dos. Le vol typique a été décrit comme une succession de coups d'ailes rapides, coupés à intervalles réguliers par de longs vols planés, toutes ailes déployées. En fait, le vol plané est loin d'être aussi commun. Au moins la moitié des pèlerins que j'ai pu observer le pratiquaient peu, sinon pas du tout. Quand le faucon ne chasse pas, son vol peut paraître lent et ondulant, or, il est toujours plus rapide qu'il ne paraît. Je l'ai chronométré entre trente et quarante milles à l'heure, et il est rare qu'il n'atteigne pas cette vitesse. Sa moyenne, quand il poursuit une proie, peut atteindre cinquante à soixante milles à l'heure sur des parcours d'un mille ou plus ; des vitesses supérieures à soixante milles à l'heure n'ont été que de très courte durée. En vol piqué, sa vitesse dépasse incontestablement cent milles à l'heure, mais il m'est impossible d'être plus précis. L'émotion que provoque la vue d'un pèlerin qui s'abat sur sa proie n'entre pas dans le domaine des statistiques.

Les migrations

Les pèlerins gagnent la côte de l'est entre la mi-août et le mois de novembre ; d'une manière plus générale, ils y arrivent fin septembre et pendant la première quinzaine d'octobre. Ils peuvent survoler la mer, quelles que soient les conditions atmosphériques, mais on peut supposer qu'ils la survolent de préférence par un beau jour de soleil, rafraîchi par un vent de nord-ouest. Les oiseaux de passage peuvent séjourner dans une aire deux ou trois semaines avant de s'envoler vers le sud. Au retour, leur passage se situe de fin février au mois de mai. Les oiseaux sédentaires d'hiver partent habituellement fin mars ou début avril. En automne, les jeunes femelles arrivent les premières, suivies des jeunes mâles, puis de quelques oiseaux adultes. La plupart des adultes ne vont pas jusqu'à l'extrême sud, mais demeurent aussi près qu'ils peuvent de leur lieu de reproduction. Ce système de migration qui règne le long des côtes d'Europe, du cap Nord à la Bretagne, est semblable à celui qu'on observe sur la côte est d'Amérique du Nord. Les récupérations d'oiseaux bagués laissent supposer que les immigrés de la côte est d'Angleterre viennent de Scandinavie. Personne n'a rencontré de pèlerins à bague anglaise dans le sud-est d'Angleterre. D'une façon générale, les fauconneaux ayant hiberné dans la vallée du fleuve et le long des estuaires avaient le plumage plus pâle que ceux qui étaient de provenance britannique ; leurs ailes portaient un dessin caractéristique, le brun-roux des plumes tectrices et des rémiges secondaires contrastant avec le noir des rémiges primaires, ce qui leur donnait l'apparence de crécerelles.

Une observation quotidienne

Le terrain où je fis mes observations s'étend sur vingt milles environ de l'est à l'ouest et sur dix milles du nord au sud. Deux pèlerins au moins le visitaient chaque hiver, quelquefois trois ou quatre. Dans la plaine que forment la vallée du fleuve et l'estuaire, on pouvait toujours trouver au moins un pèlerin. Comment savoir à coup sûr pourquoi ces endroits, plutôt que d'autres, les attiraient ? Bien que de très nombreux coins d'Angleterre, y compris les communes et les villes, eussent pu fournir sa nourriture hivernale à un pèlerin à demeure, certaines régions ont toujours été visitées régulièrement, alors que d'autres ont été ignorées. Comme les pèlerins sont particulièrement friands de canards et d'oiseaux de mer, on les rencontrera évidemment le long des côtes, près des réservoirs et des champs d'épandage ou dans les régions marécageuses. Mais les pèlerins qui venaient passer l'hiver dans la vallée tuaient une quantité considérable d'oiseaux où prédominaient les ramiers et les mouettes pygmées. Je pense qu'ils y venaient pour deux raisons : premièrement, parce que c'était un lieu d'hibernation éprouvé pendant de nombreuses années ; deuxièmement, parce que les cours d'eau graveleux de la vallée leur permettaient de prendre leur bain dans des conditions idéales. Le pèlerin est attaché à la tradition. Il fait son nid sur les mêmes rochers pendant des siècles. Il est probable que les mêmes terrains d'hibernation sont occupés par chaque nouvelle génération de fauconneaux. Car ils peuvent effectivement revenir sur les lieux où nichaient leurs ancêtres. Les pèlerins qui nidifient à présent dans les toundras de Laponie et les montagnes de Norvège pourraient bien être les descendants des oiseaux qui firent jadis leur nid dans les toundras de la basse Tamise. Les pèlerins ont toujours vécu aussi près que possible de la limite des régions polaires.

Les pèlerins prennent leur bain tous les jours. Leurs préférences vont à l'eau courante profonde de six à neuf pouces ; celle qui n'atteint pas deux pouces ou dépasse douze pouces ne leur convient pas. Le lit de la rivière doit être ferme et caillouteux, peu profond et en pente douce. Ils affectionnent les endroits où le lit du cours d'eau est de la couleur de leur plumage. Ils se dissimulent volontiers

sous des falaises abruptes ou dans des arbustes en saillie. Aux fleuves, ils préfèrent les petites rivières, les ruisseaux ou les mares. Ils sont rarement attirés par l'eau saumâtre. Il leur arrive de se poser sur des digues de béton, à condition que ce soit du béton déjà décoloré. Les gués peu profonds, au croisement d'un chemin creux ombragé et d'un torrent rapide, sont leurs lieux de prédilection. Leur oreille remarquablement fine les avertit de l'approche de l'homme, aussi bien que les cris d'alarme que poussent les autres oiseaux. La recherche d'un lieu de baignade convenable occupe une grande partie de la journée du pèlerin, et c'est en fonction de cette recherche qu'il établit ses terrains de chasse et ses lieux de repos. Il se baigne souvent pour se débarrasser de ses propres poux et de ceux de sa proie. Ces derniers ne sont pas faits pour vivre longtemps après avoir quitté leur maître, mais ils causent une irritation supplémentaire à laquelle le faucon est extrêmement sensible.

Une journée ordinaire

Bien que son emploi du temps ne soit pas immuable, le pèlerin commence habituellement sa journée par un vol lent, à petites étapes, de son lieu de repos au cours d'eau le plus proche, lui permettant de prendre son bain. Celui-ci peut se trouver aussi bien à dix qu'à quinze milles. Après son bain, il passe une heure ou deux à se sécher, à lisser ses plumes et à dormir. Ce n'est que petit à petit que le faucon secoue sa léthargie. Ses premiers vols sont brefs et s'effectuent sans hâte. Il se déplace d'arbre en arbre, en guettant d'autres oiseaux, en attrapant çà et là un insecte ou une souris par terre. Il revit tout le processus qu'est l'apprentissage de la

chasse et qu'il connut en quittant son aire pour la première fois : les premiers petits vols d'essai ; puis les autres, plus longs, plus assurés ; pour s'amuser, il feint d'attraper des objets inanimés tels qu'une feuille morte ou une plume au vent ; il joue avec d'autres oiseaux, jeux qui se transformeront peu à peu en faux combats avant de frôler la première vraie tuerie. La chasse proprement dite sera un acte relativement bref et marquera la fin de ce long

entraînement qu'est l'adolescence du faucon.

La chasse est toujours précédée par une sorte de jeu. Le faucon peut s'amuser à attraper des perdrix, à taquiner des choucas ou des vanneaux, à se battre avec des corneilles. Quelquefois, sans prévenir, il tue. Ensuite, il semble consterné par le crime qu'il vient de commettre et il lui arrive de quitter sa victime à l'endroit même où il l'abattit, pour y revenir plus tard, quand il chassera pour de bon. Même quand il a faim et quand c'est la colère qui l'a poussé à tuer, il peut rester accroupi à côté de sa proie pendant dix ou quinze minutes avant de la manger. La vue de l'oiseau mort, encore intact, semble le troubler. Distraitement, il lui donne des coups de bec. Dès qu'il voit le sang couler, il se met à manger.

J.-A. Baker,
Le Pèlerin, Folio Gallimard, 1968

La chasse au vol aujourd'hui

Entre les deux guerres, la fauconnerie commence peu à peu à renaître... Toujours pratiquée de nos jours, elle est toutefois soumise à une étroite législation.

Le XIXᵉ siècle est la période sombre de la fauconnerie française : elle est d'abord passée sous silence par la loi sur la chasse de 1844, parce qu'elle n'est presque plus pratiquée, mais aussi parce qu'elle évoque trop, comme la chasse aux lévriers, les fastes de l'Ancien Régime. Elle continue pourtant, vaille que vaille, à survivre. Napoléon III s'y intéresse. Quelques isolés s'acharnent, mais qui font figure d'aimables originaux. Le prosaïque XIXᵉ siècle ne comprend plus. En Angleterre, en Belgique, certains équipages continuent cependant à voler régulièrement.

C'est entre les deux guerres que commença la résurrection. Elle est due en France au rôle que joua le Périgourdin Abel Boyer (mort en 1959) qui, avec une énergie infatigable, entreprit de rendre à la fauconnerie ses lettres de noblesse. En correspondance avec tout ce que l'Europe comptait encore de fauconniers, il forma des jeunes, leur prodiguant de vive voix ou par écrit toute sa science ; en 1945, il fondait l'Association nationale des fauconniers et autoursiers français (ANFA) ; en 1948, il publiait, en collaboration avec l'orientaliste Maurice Planiol, un traité qui fut longtemps l'ouvrage de base de la nouvelle génération ; en 1954 enfin, son vœu le plus cher était exaucé : la fauconnerie était de nouveau légale en France.

Un travail considérable devait alors être entrepris : il fallait à la fois, sur la lancée d'Abel Boyer, retrouver d'anciennes techniques, comme le vol d'amont pour les faucons, adapter la fauconnerie aux temps modernes et enfin sauver les rapaces en voie de disparition. Sous l'impulsion du président Antoine de Chamerlat, ce triple objectif fut poursuivi de 1957 à 1979 ; grâce aux frères Terrasse,

fauconniers de l'ANFA, les rapaces furent officiellement protégés en 1972 ; Pierre Branda, un autre Périgourdin, reprenant le rôle d'Abel Boyer, mais de façon plus rigoureuse, a précisé les bases de la fauconnerie moderne. Tous les fauconniers français, par son exemple ou son enseignement, lui doivent ainsi quelque chose. En Allemagne, Renz Waller et le docteur Brüll, en Espagne Rodriguez de la Fuente, en Angleterre Ronald Stevens et Jack Mavrogordato, jouaient un rôle analogue ; bref, une splendide renaissance.

Depuis quelques années, une nouvelle perspective, entièrement inconnue des temps anciens, se profile : la reproduction des rapaces en captivité. Elle est maintenant au point pour les faucons et les éperviers, en attendant les autours ; c'est une question vitale : pas d'oiseaux, pas de chasse.

Si l'on jette un regard sur la fauconnerie mondiale en 1985, on constatera que, là où elle fut jadis d'un très haut niveau, au Proche-Orient ou en Afrique du Nord, elle est aujourd'hui bien décadente : les émirs font appel à des fauconniers européens. Aux États-Unis, où elle est assez florissante, l'absence de gibier classique semble l'avoir déformée.

Ainsi, c'est en Europe, à l'heure

actuelle, qu'elle approche le plus de la perfection. En France, Charles de Ganay, qui dirige l'ANFA depuis 1979, est le premier Français à avoir été nommé président de l'International Association of Falconry. C'est dire et l'audience de notre pays et les gages de notre avenir dans ce mode de chasse plus que millénaire.

L'association nationale des fauconniers et autoursiers de France (ANFA)

L'Association nationale des fauconniers et autoursiers de France fut créée le 15 septembre 1945. Son rôle fut essentiel pour la renaissance officielle de la fauconnerie dans notre pays.

L'ANFA compte à l'heure actuelle environ deux cents membres provenant des milieux les plus divers mais ayant tous en commun une passion des oiseaux de proie, de l'observation de la nature et de la pratique de la chasse.

L'association publie annuellement une revue destinée à ses membres rapportant les activités de chacun, ses expériences, déboires et succès. Deux fois l'an sont organisées, pendant deux ou trois jours, des réunions de chasse sur un territoire habituellement mis à la disposition de l'association par l'un des membres. Ces réunions sont très suivies et bénéfiques. En effet, l'accès à des chasses giboyeuses a l'avantage de montrer aux fauconniers la faiblesse de leurs oiseaux mis en présence de gibier naturel, un grand nombre d'adeptes se «contentant» de conditionner leurs oiseaux de chasse sur des gibiers d'escap (ou de poche) ou des pigeons ; bien souvent, ces oiseaux qui semblent parfaitement dressés ne «concluent» pas, ne font pas prise.

L'évolution du nombre des adhérents de l'ANFA fut très lente, fruit d'une politique voulue de discrétion vis-à-vis des milieux de protection de la nature qui craignaient une extension de ce sport alors que les oiseaux de proie étaient menacés. Ce fut une époque de réflexion. Les fauconniers devaient se créer une nouvelle éthique et, conformément aux statuts de leur association, s'attacher à la protection des rapaces, selon des principes, certes, mais aussi en tenant compte de contraintes.

Tout le monde, hélas, n'eut pas la même optique et, en 1978, une bonne proportion des adhérents du Sud-Ouest se regroupa, créant le Groupement des fauconniers et autoursiers du Sud-Ouest, puis, en 1983, à la suite d'une scission au sein du GFASO, le Club de chasse au vol d'Aquitaine.

Les années passant, plusieurs éléments devraient conduire tous les fauconniers et autoursiers, quels que soient leurs horizons, à se retrouver au sein d'un unique organisme, ce qui serait souhaitable. La très nette remontée des populations d'accipiters et l'octroi de permis de désairages pour ces espèces, les premiers succès, prometteurs, obtenus dans la reproduction en captivité du faucon pèlerin sont incontestablement des facteurs favorables à l'établissement d'un climat nouveau, tout à l'apaisement... qui devrait porter des augures de «retrouvailles».

J.C. Chantelat,
Nos chasses traditionnelles, Paris, Solar, 1985

BIBLIOGRAPHIE

Benoist J.-O. « La chasse au vol, techniques de chasse et valeur symbolique de la volerie » *in La Chasse au Moyen Age*, Nice, 1980.

Boyer A., Planiol M. *Traité de fauconnerie et autourserie*, Paris, Payot, 1948.

Brehm A.-E. *Merveilles de la nature, l'homme et les animaux, les oiseaux*, Paris, Librairie J.-B. Baillière et fils, vol. 4.

Brown L. *Les Oiseaux de proie, la vie et les mœurs des rapaces diurnes*, Paris-Bruxelles, Elsevier-Séquoia, 1977.

Chamerlat A. de *La Fauconnerie et l'art*, Paris, A.C.R. éditions Vilo, 1986.

Chantelat J.-C. *Nos Chasses traditionnelles*, Paris, Solar, 1985.

Chenu J.-C. Œillet des Murs *La fauconnerie ancienne et moderne*, Paris, Herman, 1980.

Cretin G. *Débat de deux dames sur le passe-temps de la chasse, des chiens et des oiseaux*, Paris, Lacroix et Jullien, Cabinet de Vénerie V, 1882.

Cuisin M. et Brenders C. *La vie secrète des bêtes, les rapaces d'Europe*, Paris, Hachette, 1979.

Evans D. *Lanier, histoire d'un mot*, Genève, Publications romanes et françaises - Droz, 1967.

Ferrières H. de *Le Livre du Roy Modus et de la Royne Ratio*, transcrit par G. Tilander, Paris, 1932, 2 vol.

Frédéric II *De arte venandi cum avibus*, traduction française de G. Holmer, Lund, Studia Romanica Holmiensia, 1960.

Geroudet P. *Les Rapaces diurnes et nocturnes d'Europe*, Paris, Neuchâtel, Delachaux et Niestlé, 1978.

Harting J.-E. *Bibliotheca Accipitraria, A Catalogue of Books, Ancient and Modern relating of Falconry*, London, 1891.

La Buigne G. de *Le Roman des Déduis*, Karlshamm, édité par A. Blomquist, 1951.

Loret V. *Horus-le-Faucon*, Le Caire, imprimerie de l'Institut français d'archéologie orientale, 1903.

Moamin et Ghatrif *Traité de fauconnerie et des chiens de chasse*, traduction française de H. Tjerneld, Lund, Studia Romanica Holmiensia, 1945.

Monneret R.-J. *Le Faucon pèlerin*, Maisons-Alfort, éditions du point vétérinaire, 1987.

Schlegel H., Verster de Wulverhost J.-A. avec la collaboration de Brüll H., *La Chasse au vol*, Lausanne, Hachette Réalités, 1978.

Viré F. « La fauconnerie dans l'Islam médiéval » (d'après les manuscrits arabes du VIIIe au XIVe siècle) *in La Chasse au Moyen Age*, Nice, 1980.

Viré F. Ibn Mangli. *De la chasse, commerce des grands de ce monde avec les bêtes sauvages des déserts sans onde*, Paris, Sindbad, 1984.

Ioan.G.

GLOSSAIRE

Affaîtage Dressage de l'oiseau pour la chasse.

Aire Nid des rapaces.

Armer Équiper le faucon. Fixer à chaque tarse un jet et des sonnettes.

Assuré Se dit d'un faucon fini d'affaîter.

Autourserie Chasse au vol à l'autour ou à l'épervier.

Beccade Petits morceaux de viande donnés à l'oiseau de chasse en guise de récompense.

Bloc Sorte de tabouret-perchoir utilisé soit pour jardiner le faucon dans la cour de la fauconnerie, soit pour lui permettre de se reposer au cours d'une partie de chasse.

Branchier Jeune oiseau capturé à la sortie de l'aire, sur les branches.

Buffeter Se dit du faucon heurtant violemment le gibier en vol.

Cage Cadre rectangulaire en bois muni de quatre pieds pour être posé au sol et de courroies d'épaules. Servait aux transports des faucons.

Cagier Ancien nom des marchands d'oiseaux de chasse.

Carrière Période de vol du faucon.

Chaperon Coiffe de cuir maintenue sous la tête du faucon par des courroies coulissantes et lui cachant la vue.

Chien d'oysel Chien dressé à trouver le gibier et à aider le faucon à maîtriser les oiseaux de grande taille.

Cillage Procédé anciennement utilisé pour accoutumer l'oiseau à la présence de l'homme : la paupière inférieure de l'oiseau était relevée par un fil passé au travers de sorte que le faucon ne puisse voir que vers le haut. A été remplacé par le chaperonnage.

Créancer Spécialiser l'oiseau au vol d'un gibier déterminé.

Désairer Capturer un oiseau dans son aire.

Emeut Fiente des oiseaux de vol.

Eclisser Jeter de l'eau avec la bouche sur le faucon pour le calmer.

Equipage de volerie Ensemble de chasse comprenant fauconniers, oiseaux de chasse et chiens d'oysel.

Escap Gibier vivant donné par le fauconnier à son oiseau.

Faire prise Se dit du faucon lorsqu'il lie et tue sa proie.

Fauconnerie Art de la chasse au vol. Logis des oiseaux de vol.

Fauconnière Sac du fauconnier.

Forme Femelle des rapaces, plus grande que les mâles.

Frelon Petit bouton cartilagineux, spécifique aux faucons, leur servant à régulariser leur respiration au moment des vols très rapides.

Gorge Ration de nourriture des oiseaux.

Hagard Oiseau capturé en livrée d'adulte.

Introduire A la fin de l'affaîtage, laisser voler seul l'oiseau pour la première fois.

Jardiner Sortir les oiseaux dans la cour de la fauconnerie pour qu'ils puissent prendre le soleil et se baigner.

Jet Petite bande de cuir souple portée en permanence par le faucon. S'attache à chaque tarse.

Laneret Mâle du faucon lanier.

Leurre Objet en forme de fer à cheval, recouvert de deux ailes d'oiseau, simulant une proie ; en son centre, on fixe de la viande. Utilisé pour faire revenir (rappeler) le faucon.

Lier Pour le faucon, saisir sa proie dans ses serres.

Longe Longue lanière de cuir reliée aux jets servant à attacher le faucon au bloc.

Main Serres des faucons.

Mue Période de l'année où le plumage tombe peu à peu pour être remplacé par des plumes neuves. La mue sert à compter l'âge des oiseaux de chasse.

Niais Oiseau pris dans l'aire.

Pât Nourriture de l'oiseau de chasse.

Penne Longues plumes de la queue et des ailes.

Prendre motte Se dit du faucon se posant au sol, au cours d'une chasse.

Rappel Action du fauconnier présentant le gant ou le leurre au faucon pour le faire revenir.

Sacret Mâle du faucon sacre.

Saint-Esprit (faire le) Vol sur place, spécialité du faucon crécerelle en chasse.

Sonnettes Simples grelots fixés au tarse de l'oiseau permettant de le repérer au cours des chasses.

Sor Se dit de l'oiseau portant encore son plumage immature.

Tiercelet Mâle des oiseaux de chasse, environ un tiers plus petit que la femelle.

Vervelles Autrefois anneaux gravés aux armes du propriétaire, fixés à l'extrémité des jets.

Vol (chasse au) Synonyme de fauconnerie. On distingue chasse de haut-vol avec les faucons et chasse de bas-vol avec les autours et éperviers.

Volerie Synonyme de chasse au vol, de fauconnerie.

TABLE DES ILLUSTRATIONS

COUVERTURE

1er plat Faucon blanc, lithographie in *Traité de fauconnerie,* H. Schlegel et A. H. Verster de Wulverhorst, 1844-1853. Bibliothèque du Muséum national d'Histoire naturelle, Paris.

OUVERTURE

1 Faucon islandais, lithographie. Victoria and Albert Museum, Londres.
2/7 Les oiseaux de proie : le faucon, miniatures in *Fleur de vertu,* manuscrit, XIIIe s. Bibliothèque nationale, Paris.

CHAPITRE I

10 *Faucon pèlerin,* peinture.
11 Miniature in *Bestiaire d'Amiens.* Bibliothèque municipale, Amiens.
12 Gravures in *Figures et portraits des bêtes à quatre pieds.* Bibl. nat., Paris.
13g Anatomie des oiseaux de proie, gravure in *La Fauconnerie,* XVIe-XVIIe s. Charles d'Arcussia. *Idem.*
13d Aile rameuse de faucon, dessin de Hubert. Bibl. nat., Paris.
14 Faucon pèlerin, lithographie coloriée de Edward Lear, 1832.
15h Faucon attaquant un lièvre, bois gravé. *Idem.*
15b *Le Cortège des rois mages* (détail), fresque de Benozzo Gozzoli, XVe s. Palais Médicis, Florence.
16h Faucon émerillon, lithographie de Audubon, XIXe s.
16b Faucon gerfaut, lithographie in *Traité de fauconnerie,* H. Schlegel et A. H. Verster de Wulverhorst, 1844-1853. Bibl. du Muséum national d'Histoire naturelle, Paris.
17 *Faucons attaquant un héron,* peinture de Jean Fyt, XVIIe s. Bayerisches Staatsgemälde-galerie, Munich.
18 Faucon sacre, miniature, Ecole Moghole, XVIIe s.
18/19 Faucons de chasse, paravent japonais.

CHAPITRE II

20 Portrait de Frédéric II, illustration originale d'Antonio Molino.
21 Fauconnier, mosaïque, Jordanie, VIe s.
22 Peinture sur soie destinée à un sarcophage égyptien, période romaine. National museum d'Irlande, Dublin.
23 Stèle de Marash (Cilicie), art hittite, XIIIe s av. J.C. Musée du Louvre, Paris.
24 Miniature in *Chansonnier Manesse,* 1268. Bibliothèque universitaire, Heidelberg.
25g Prologue du *De arte venandi cum avibus,* début XIVe s. Bibl. nat., Paris.
25d Traité de fauconnerie arabe. Musée de Tunis, Tunisie.
26-29 Miniatures in *De arte venandi cum avibus,* début XIVe s. Bibl. nat., Paris.
30g Accessoires de fauconnerie, lithographie in *Traité de fauconnerie,* H. Schlegel et A. H. Verster de Wulverhorst, 1844-1853. Bibl. du Muséum national d'Histoire naturelle, Paris.
30d *Portrait de faucon,* peinture de Pierre Louis Dubourg, XIXe s. *Idem.*
31 Le départ pour la chasse, miniature in *Bréviaire Grimani,* XVe s. Bibl. Marciana, Venise.
32 Capture des faucons, gravure de Philippe Galle d'après Stradamus. Bibl. nat., Paris.
33h « Eclisser le faucon », miniature in *De arte venandi cum avibus,* début XIVe s. *Idem.*
33b L'entraînement sur proie vivante, bois gravé colorié. *Idem.*
34h Travail des fauconniers, miniature in *Le Livre du Roy Modus et de la Royne ratio,* H. de Ferrières, 1379.
34b « Le maillolet », miniature in *De arte venandi cum avibus,* début XIVe s. Bibl. nat., Paris.
35h Faucon, gravure coloriée in *Histoire de la nature des Oyseaux,* Pierre Belon, 1555. *Idem.*
35b Le roi Modus et ses fauconniers, miniature in *Le Livre du Roy Modus et de la Royne ratio,* H. de Ferrières, 1379. *Idem.*

CHAPITRE III

36 Fauconniers médiévaux, miniature.
37 Fauconnier indien. Bibl. nat., Paris.
38 Miniature in *Le Jardin de la santé,* J. Cuba, vers 1501. Petit Palais, Paris.
39 Le fauconnier, fresque murale de la Chambre du cerf, 1344. Palais des Papes, Avignon.
40-41 *Chasse au faucon,* peinture, XVIe s.
41h Chasse au faucon, fresque du Castello del Buonconsiglio, seconde moitié du XVe s. Trente.
42 Miniature in *Le Jardin de la santé,* J. Cuba, vers 1501. Petit Palais, Paris.
43 *Chasse au faucon en Algérie,* peinture d'Eugène Fromentin, XIXe s. Musée d'Orsay, Paris.
44/45 *Chasse au faucon,* peinture d'Alfred Schiller, XVIe s. Musée des Beaux-Arts, Budapest.
46/47 Accessoires de fauconnerie. Museum and Art Gallery, Glasgow.
49 Saint Bavon, lithographie. Bibl. nat., Paris.
50 Portrait de Khan

Alem, gouache, Ecole Moghole, XVIIᵉ s. Musée Guimet, Paris.
51 Faucon, miniature indienne, XVIIIᵉ s.

CHAPITRE IV

52 Peinture égyptienne. Musée du Louvre, Paris.
53 Sculpture péruvienne en forme d'oiseau de proie. British Museum, Londres.
54 Les dieux indiens, peinture sur soie.
55 *Kriemhild et son faucon*, peinture de J. Schnorr von Carokfeld, XIXᵉ s. Salle des Niebelungen, Münchner Residenz, Munich.
56 Horus, peinture égyptienne. Musée du Louvre, Paris.
56b *Idem* (détail de l'œil).
57h Statuette égyptienne en argent du dieu faucon.
57b Dessin de Bilal in *La Foire aux immortels*, Dargaud, 1980.
58 Harold emmené prisonnier, tapisserie de la reine Mathilde, 1077. Musée de l'Evêché, Bayeux.
59 Femme au chien et au faucon, aquarelle anonyme. Musée du Louvre, Paris.
60 Wernher von Zeufen et sa dame, miniature in *Chansonnier Manesse*, 1268. Bibliothèque universitaire, Heidelberg.
61h Fauconnier à cheval, faïence, Téhéran, XVIIIᵉ s. Musée de la chasse, Munich.
61b Portrait d'un faucon du club de fauconnerie de Loo. Bibl. du Muséum national d'Histoire naturelle, Paris.
62 Faucon, caricature de Grandville, XIXᵉ s.
63 *Allégorie de la chasse au faucon*, peinture de Peter de Witte, XVIIᵉ s. Bayerisches National Museum, Munich.
64 *Portrait de faucon islandais*, peinture anonyme, 1729. Musée de la chasse, Munich.

TÉMOIGNAGES ET DOCUMENTS

65 Fauconnier des steppes, photo.
67 Homme portant un faucon, miniature, XVᵉ s.
68 Miniature in *Chansonnier Manesse*, 1268. Bibliothèque universitaire, Heidelberg.
70 A' Zam Shah empereur moghol, miniature, vers 1860. Victoria and Albert Museum, Londres.
71h Fauconniers dans le palais de l'émir, Abu Dhabi, photo.
71b *Idem.*
72 *Idem.*
74 Miniature persanne, XVᵉ s. Musée de Topkapi, Istanbul.
75 Fauconnier turkmène, photo.
76 Chasse dans les émirats du golfe, photo.
77 *Idem.*
79 Démonstration de chasse au vol, photo.
81 *Idem.*
83 Jeunes faucons pèlerins, photo.
84 Faucon crécerelle, photo.
86 Faucon pèlerin chaperonné, utilisé sur les aéroports, photo.
87 Aéroport d'Istres, photo.
89 Aéroport de Roissy, photo.
91 Faucons utilisés pour la chasse au vol en Orient, photo.
92/93 La capture de la proie, photo.
95 Faucon pèlerin, photo.
97 Deux faucons, peinture de Carl Donner. Collection privée.
98 Faucon pèlerin, photo.
99 Fauconnier en habit traditionnel du XVIᵉ s., photo.
101 Fauconnier, photo.
103 Scène de fauconnerie d'après Stradamus, gravure, XVIᵉ s.
104/105 *Idem.*
107 Fauconniers indiens, dessin, XIXᵉ s.
109 Chasse au héron, gravure de Ridinger, XVIIIᵉ s.
112 Chasse au faucon, dessin japonais, XVIIIᵉ s.

INDEX

A

Accipitridés 12, 24.
Affaitage 32.
Aigle 12, *15*, 54, 55.
Aire 13.
Armement 48.
Attila 55.

B

Barthélemy l'Anglais 51, *61*.
Bas-vol 12.
Brehm, Alfred Edmund *11*, *17*, *32*, 42, 51.
Buffon, Georges Louis Leclerc, comte de *62*.
Buse 12, *15*.

C

Cagiers 41.
Chanson des Nibelungen 54, *55*.
Chaperonnage *30*, 33.
Chasseur d'oiseaux 18.
Chien de fauconnerie
— Lévrier oriental (sloughi) 31 ;
— Chien d'oysel 31 ;
— Epagneul *31*.
Civilisation
— chinoise 23 ;
— égyptienne 23 ;
– grecque 21, 23 ;
– japonaise 23 ;
– romaine 21, 23 ;
Croisades 30, 31, 33.

D - E

D'Arcussia, Charles 31, 41
Dancus Rex 25.
De arte venandi cum avibus *27*, 30.
Egypte 21.
Epervier 12, 34, 56.
Espagne 41.

F

Falconidés 11, 12, 24.
Falconiformes, ordre des 12.
Faucon *15*, *24*, 55 ;
— crécerelle *(Falco tinnunculus)* 15,17 ;
— émerillon *(Falco columbarius)* 17, 48 ;
— gerfaut *(Falco rusticolus)* *15*, 16, 41, *47* ;
— hobereau *(Falco subbuteo)* 17, 48 ;

– lanier *(Falco biarmicus)* 19, *24*, 42, 48 ;
– pèlerin *(Falco peregrinus)* 14, *14*, 35, *47* ;
– sacre *(Falco cherrug)* *15*, 18, *18*, *47*, 48.
Fauconnier 33, 49, *50*, *51*.
Ferrières, Henri de 25 30, 33.
Frédéric II *27*, 30, 33, 34, *35*, 40, 41, 51.

G - H

Ghatrif 25, 30.
Haut-vol 13.
Hiéracopolis 57.
Horus 21, 56, *56*, *57*.

I - J - K

Indra 54, *54*.
Italie 41.
Königsberg 41.
Kriemhild *55*.

L

La Buigne, Gace de *42*, 48.
La Marche, Olivier de 37.
Lituanie 41.
Loi
– des Burgondes 39 ;
– salique 39 ;
– barbare 24.

M

Maghreb 42.
Manglî, Ibn 21, 50.
Marco Polo *19*, *47*.
Migration 16,17,18,35.
Milan 42, 56.
Moamin 25, 30.
Mue *13*, *51*.

N - O

Nidification 13, 35.
Nourriture 16, 17, 18.
Ordre Teutonique 41, 42.

P

Papyrus de la dame Merit 23.
Papyrus Ebers 56.
Pays-Bas 42.
Piégeage *32*.
Proie 15.
Prusse 42.

R

Reproduction 13, *16*, 35.
Rigveda 54, *54*.
Roi Modus, *34*, *35*, 50.
Roman des déduits de la chasse *42*.

S - T - V

Saint Bavon *49*.
Suède 41.
Tapisserie de Bayeux *58*.
Tardif, Guillaume 31.
Technique de chasse 14, 15, *17*, 18, 19.
Tendeurs 39, 40.
Toussenel, Alphonse *13*, *53*.
Vautour *24*, 34, 54.
Vienne 42.
Vogler 41.

CRÉDITS PHOTOGRAPHIQUES

A.F.K., Münich 68. Antonio Molino, Milan 20. Artothek, Planegg 17, 44/45. Bibliothèque du Muséum national d'Histoire naturelle, Paris 1er plat de couv., 16b, 30g, 30d, 61b. Bibliothèque nationale, Paris 2-7, 12, 13g, 13d, 15h, 25g, 26-29, 32, 33h, 33b, 34h, 34b, 35h, 35b, 37, 42, 49, 103, 104/105. Bridgeman, Londres 1, 10, 48, 70, 97. Bulloz, Paris 42. Dagli-Orti, Paris 36, 39, 52. Dargaud, Paris 57b. D.R. 109, 112. Gamma, Paris/Bourseiller 86. Gamma, Paris/Chantelat 84. Gamma, Paris/Chatin 89, 95. Gamma, Paris/Chito 101. Gamma, Paris/Lochon 77. Gamma, Paris/Quidu 83, 95. Hansmann, Munich 14, 16h, 18h, 18/19, 21, 22, 24, 40/41, 46/47, 52, 53, 54, 55, 56, 57h, 60, 61g, 62, 63, 64, 99. Hervé Collart 92/93. Hervé Nègre 79, 81. Magnum, Paris/Depardon 91. Magnum, Paris/Riboud 71h, 71b, 72, 76. Michaud, Paris 25d, 51, 65, 74, 75. Musée de Bayeux 58. Rapho, Paris/Charles 86. Réunion des Musées nationaux, Paris 23, 43, 50, 59. Scala, Florence 15b, 31, 41h. Vignes J., Paris 11. Viollet, Paris 67, 102/103, 104/105.

MAQUETTE

La maquette de cet ouvrage a été réalisée par Catherine Letroquier.

REMERCIEMENTS

Les auteurs remercient tout particulièrement Jacques Cuisin, ornithologue, pour les conseils prodigués au cours de la réalisation de cet ouvrage.

Table des matières

I LE FAUCON DANS LA NATURE

12 Accipitridés et Falconidés
14 Un chasseur subtil
16 Du plus commun au plus prisé
18 Les oiseaux d'Orient

II DE LA CONNAISSANCE ET DE L'USAGE DU FAUCON

22 Les premiers témoignages
24 Un savoir-faire venu d'Orient
26 *«De arte venandi cum avibus»*
30 Du faucon chassé au faucon chasseur
32 L'éducation des oiseaux
34 Fauconniers et ornithologues

III POSSÉDER UN FAUCON : UN DROIT, UN LUXE

38 L'oiseau de la noblesse
40 L'Internationale du faucon
42 Dépenser, donner et paraître
44 *Une chasse en occident*
46 *A la cour du grand Khan*
48 Entre homme et oiseau
50 Une fin peu glorieuse

IV LA SYMBOLIQUE ET L'IMAGINAIRE

54 Le messager des dieux
56 L'oiseau solaire
58 Le symbole de la noblesse
60 L'héritage linguistique
62 Une bonne réputation

TÉMOIGNAGES ET DOCUMENTS

66 La longue dualité entre l'aigle et le faucon
70 La chasse au vol dans le monde arabe
78 Les voleries : quand les fauconniers parlent aux rapaces
82 La reproduction des faucons en captivité
86 La fauconnerie et les aéroports
90 Le faucon pèlerin
98 La chasse au vol aujourd'hui
102 Bibliographie
106 Glossaire
108 Table des illustrations
110 Index